良法善治與幸福感

杨　真◎著

知识产权出版社
全国百佳图书出版单位

图书在版编目（CIP）数据

良法善治与幸福感/杨真著. —北京：知识产权出版社，2017.6

ISBN 978－7－5130－4906－1

Ⅰ. ①良…　Ⅱ. ①杨…　Ⅲ. ①法律—文集　Ⅳ. ①D9－53

中国版本图书馆 CIP 数据核字（2017）第 112633 号

内容提要

本书不是一部专门的法律著作，而是一个集法律、历史、经济、教育、家庭和社会生活为一体的一个万花筒式的随笔集。作者用生动诙谐的语言向你娓娓道来，你会觉得：法律也可以被活学活用到这种境地，它是这样的有用、有趣，与我们的生活如此紧密相连，良法善治的确是提升幸福感的重中之重。

本书通俗易懂，相信每一个人都能从中找到自己的影子，产生强烈共鸣。它不仅适合法律人品读，也是值得大众传阅的华美鸡汤。

责任编辑： 荆成恭　　**责任校对：** 潘凤越
封面设计： 京华诚信　　**责任出版：** 刘译文
书名题字： 刘新科

良法善治与幸福感

杨　真　著

出版发行： 知识产权出版社有限责任公司　**网　　址：** http://www.ipph.cn
社　　址： 北京市海淀区西外太平庄 55 号　**邮　　编：** 100081
责编电话： 010－82000860 转 8341　**责编邮箱：** jcggxj219@163.com
发行电话： 010－82000860 转 8101/8102　**发行传真：** 010－82000893/82005070/82000270
印　　刷： 三河市国英印务有限公司　**经　　销：** 各大网上书店、新华书店及相关专业书店
开　　本： 880mm×1230mm　1/32　**印　　张：** 9.5
版　　次： 2017 年 6 月第 1 版　**印　　次：** 2017 年 6 月第 1 次印刷
字　　数： 178 千字　**定　　价：** 29.00 元

ISBN 978－7－5130－4906－1

目录

序　一

让良法善治发扬光大

前不久，好友召良教授请我写序，说作者是一位关心良法善治的“90后”，让我作为法学教育工作者多多指导。我和作者杨真未曾有过交往，但召良的话我是要听的，况且关爱、提携后辈确是我们应尽的职责。看完书稿之后，我很欣慰，这的确是一本值得一读的好书。作者年纪尚轻，本科所学也并非法律专业，却在研究生学习阶段和繁忙的日常工作之余完成这样一部作品，实属难能可贵。

法律有狭义和广义之分。狭义的法律是指由全国人民代表大会及全国人民代表大会常务委员会制定的规范性文件，诸如《刑法》《公司法》《合同法》《物权法》《刑事诉讼法》《劳动法》《消费者权益保护法》，等等；广义的法律还包括行政法规、地方性法规、自治与单行条例及规章等。而本书所讲的“法”，是最为广义的“法”，比如夫妻间维系婚姻幸福而做出的约定，即是对俩人有效力的“合同法”；学校制定的各项管理制度，也是全体师生所共同执行和遵守的“法”。这些跃然于作者笔下的“法”，对特定群体都有着不同程度的约束力。这种观点是很独到的。可以说，作者天马行空的想象力、大胆创新的创作精神，拓展了建设法治中国的理论认识。作者有一个梦想，就是良法文化能够在各行业、各单位包括企业、校园、家庭等每一个社会领域生根发芽、开花结果。良法善治不仅要落实在立法、执法、司法活动上，更应当体现在每一个人的工作和生活中，用“良法”来实现与身边每一个人的“善治”，是大众群体良性互动、构建和谐社会的关键，生活中几乎所有的事情都可以用良法善治的基本理念去加以规范。

本书体系虽然看起来较为庞杂，但“形散而神不散”，都是围绕“良法善治”这个主题展开的。作者能够以微知著，能从“小”事件中挖掘出深刻的大道理；对于自己的观点，也都拿出了充足有力的理由。虽然其中有的观点可能还有待商榷，但这至少体现了作者与众不同的思考方式，我们应当以包容的态度来面对各方观点的彼此碰撞。我常说，共识是以承认差异为前提的，否则就太武断了。企盼社会进步、人民幸福当然是我们的共识，而究竟如何实现社会进步与人民幸福，每个人都有不同的看法。比如在本书的“烟草与行业净效益”一文中，作者提及烟草，提到史上最严禁烟令，作者的本意应该是这样的：一部法律、一个政策的出台，就是一次利益的调整与社会关系的变动。而人都有自己独特的立场，不可能“一个鼻孔出气”，一部法律根本不可能满足每一个人的期求，而且也无此必要。法律要做的就是合乎“良法”的基本要求，为多数人的幸福服务，实现长久的善治。这个史上最严禁烟令属于我国法治体系的组成部分，也是依良法治国的一个缩影。

德国法学家耶林说过：“罗马曾三次征服世界，第一次是靠武力，第二次是靠宗教，第三次是靠法律。而第三次征服才是最永久的征服。”良法的威力胜于枪炮，良法能创造比天时、地利更为关键的人和。黑格尔说：“中国的历史从本质上看是没有历史的，它只是君主覆灭的一再重复而已。任何进步都不可能从中产生。”梁启超说：“一部二十四史，就是一部二十四姓族的砍杀史。”这些话虽有些偏激，但不得不引起深思。中国古代经历了多少次风云变幻、王朝更迭，可我们很难发现在后的政权比在前的政权更为先进，总是“你方唱罢我登场”，循环往复折腾了几十个世纪，却没有根本性的进步。北宋末年，宋军费尽九牛二虎之力扫平方腊起义，暂时是消停了一阵儿，可这不仅没能给宋廷带来一点点的希望，换来的反而是北边金人的仰天长笑；一代天骄成吉思汗的蒙古铁骑横扫亚欧大陆，所向披靡，其孙忽必烈建立了面积达1300多万平方公里的大帝国，可最终仅存不到百年便黯然倒台；太平天国运动给中国造成了上千万的人口损失，估计洋人都在一旁乐呵呵地看热闹，外界虎视眈眈，黑云压城，自己人却在窝里斗。直至伟人毛泽东凭借自己的“良法”赢得了全国人民的拥护，小米加步枪打败了蒋介石的飞机加大炮，创造了以少胜多的军事奇迹，人们才知道：良法是真正的人心所向——这即是作者所讲的“得良法者得天下”的最为淋漓尽致的体现。古人常讲“以德服人”的王道，反对“以暴服人”的霸道，正是这个道理。

作者涉猎广泛，引经据典而不拘泥于前人著述，紧贴现实，善于从生活点滴中观察思考，洞见真知，尤其把“良法”与做人做事紧密相连，既讲法，又讲“道”“义”“情”，体现了他对良法善治的孜孜追求。法律是一种工具，也是一种制度，它终究还是要靠人来实施。因此，法律人的素质好坏，直接关系到国家法治进程的水平和社会善良风俗的完善。在本书的“推进人类和平，创造世界大同”一文中，作者用浓重笔墨描述了三位家喻户晓的人物——印度成就最高的文豪泰戈尔、宋代最伟大的文学家苏轼和金庸笔下最著名的武侠人物萧峰。作者倾力推崇的三个人，不论是才能还是品德，都是无可挑剔的，都是以近乎完美的形象永存于后人、读者的心里。或许有人会问，写这些到底和良法善治有什么关系吗？确实，他们都不是法律人，且都处在法治极不健全的封建或半封建时代。但他们的共同点是什么？是胸怀大德大爱，是以天下为己任，是“我不入地狱谁入地狱”的大无畏精神，是身处逆境也不忘初心为民谋幸福的高风亮节。这些难道不是值得每一个法律人毕生学习的典范吗？法律人要有其才，更要有其德。如今，法律人正源源不断走向各级党政领导岗位，作为造福一方的公共事务管理者，要把公平正义的良法理念落实到各项管理工作中，更好地为全社会做事——这在本书的“经济建设的理性良法”一文中有很好的诠释。当然，这不仅是法律人的天职，也是谁都无法回避的义务。

中国政法大学作为培养法律人才的重要基地，对此自然是义不容辞。“挥法律之利剑，持正义之天平；除人间之邪恶，守政法之圣”——法大的莘莘学子都依然清晰地记得这个庄严神圣的入学誓词。法律存在的根本目的是为了保障人权，是要让每一个人获得真切的幸福感。法大的前辈给我们树立了典范。江平老师说“我只向真理低头”，“为理想的法治而呐喊”；陈光中老师追求学术民主，充分尊重后辈的观点，从不“唯我独尊”；郑成思老师面对具体案件时，总是站在公正的立场，从不偏袒“自己人”。他们都是良法善治的积极践行者、倡导者。为人要心中有爱，胸怀正义，懂得敬畏生命。爱能使人拥有战胜一切的力量，歌颂爱、抒写爱、传扬爱的人，不知几多，而作者笔下的“良法”，正是爱的载体。靠“恶法”来统治、管控别人，迟早会受到“恶法”的反扑，并被“恶法”吞噬在黑暗中。害人者必害己，用“恶法”来压制配偶、孩子，就得不到幸福的家庭；靠“恶法”来指挥下属，就无法做好管理工作，从而一事无成。相反，予人玫瑰，不仅仅是手留余香，更有可能得到别人馈赠的大花园。给予他人“良法”，自己更能得到“良法”之福。这便是良法善治对自己、对他人的意义之所在。

愿良法善治的理念为越来越多的人所接受！

愿良法善治的中国愈益繁荣富强！

是为序。

时建中

中国政法大学副校长、博士生导师

中国经济法学研究会副会长

2017年4月6日

序 二

良法与幸福的关系

幸福生活，无疑是任何人都憧憬的目标，借用“生活的理想，就是为了理想的生活”，那么生活的幸福，就是为了幸福的生活。幸福作为一种令人惬意、满足、快慰的主观心理状况，古往今来，人们无不向往，有关幸福的话题也成为诸如哲学、社会学、心理学、文化学和经济学的研究视野。与幸福相关的术语是“幸福感”“幸福指数”等。幸福感彰显了人们对丁自己的生活状况、生活质量的一种主观评判。以“枯燥”的条文表现的法律与魅力无限的幸福之间，看似两个完全不相干的问题，实则具有十分密切的联系。早在古罗马时代，著名的《十二铜表法》即指出：“人民的幸福即是最高的法律。”古希腊哲学家柏拉图则指出：“法律的基本意图是让公民尽可能地幸福，并在彼此友好关系中最高度地结合在一起。”由此可见，关于法律与幸福的紧密关系，古代先哲早就给予了高度的关注和重视。简单地说，法律与幸福的关系主要体现为：一方面，人们的幸福需要法律保障，尤其是“良法善治”；另一方面，幸福本身是法律制度及其运行始终追求的最高价值目标。

幸福本身是一个个体的主观感受，但又有客观的衡量标准。幸福其实是与我们日常生活密切联系的主题。我国的经济建设和法治建设具有相辅相成的关系，需要“一手抓经济、一手抓法治”，尤其是过去我国社会主义法治不够健全，党和国家提出了“建设社会主义法治国家”的宏伟目标。法治的前提是法律的有效实施和运行，社会主义法治直接服务于我国社会主义市场经济发展，这就需要在法律的制定和实施过程中，将保障人民的幸福作为最为根本的价值和社会主义法治建设的基本目标。例如现在越来越流行的公众参与立法，能够使人们充分地表达个人诉求，获得认同感与满足感；在政府决策中吸纳民意，能够使决策更加科学、透明，能更好地为民众带来福祉；在解决纠纷中，通过公平、公正的处理，“努力让人民群众在每一个司法案件中都感受到公平正义”，即使是败诉的一方，也会心甘情愿坦诚接受。法律对幸福的保障，也远远不限于其对权利义务的规范方面。这些规范只是法律制度的外在表征，规范的背后则是法律体现的公平、正义、自由和秩序的价值，以及法律对诚实守信原则的肯定。在此基础上构建的良好的社会秩序，无疑是和谐社会和幸福生活的根本。在当今我国社会主义市场经济浪潮中，法律服务于我国科技文化发展，服务于社会主义物质文明和精神文明建设。

我国立法过程中的民主参与性，就体现了为民谋幸福的基本理念。我国很多法律，与普通民众息息相关，广泛的民众参与不仅有利于参与者提升相关领域的幸福感，而且可以使未来的立法更关注民生，更好地实现增进人民幸福的目的。立法提升幸福指数还在于为相关社会生活领域确立和建立社会规范和指引，使人们在相关领域感觉到有章可循，并且对获得的相关成就具有认同感和归属感。所谓法治是这个时代的财神爷，良法对于保护公民合法财产的意义十分重大，否则，后患之忧便足以令人惶惶不可终日。仅以知识产权专门立法为例：我国知识产权立法较为滞后，过去很多发明创造者不能在国内获得专利权。《中华人民共和国专利法》颁行后，发明创造者能够依法获得相应的权利，从而成为发明创造的主人，并依靠专利权的独占性保护获得市场控制权和垄断性利益。这种成就感在专利法缺位的时代是不可想象的。知识产权法的意义还在于，它能够极大地调动人们从事创作发明的积极性，提高我国创新能力，为民众提供更多更好的优质产品和服务，增进人民福祉。其他法律也具有相应的功能和作用。以《中华人民共和国婚姻法》为例，它将现实生活中的婚姻家庭伦理关系法定化，其对于稳定社会秩序、安定人民生活、实现关爱与被关爱的幸福感的作用是其他制度和措施难以替代的。

从法的作用、效果来说，法律可以分为良法和恶法。我们上述所讨论的法律对幸福的保障，是以良法为假设前提的。从人类法制发展史的角度看，恶法在历史上存在过很长时间。所谓恶法，是指腐朽没落的统治阶级为了维护自身狭隘的利益而制定的剥削、迫害人民的法律。恶法由于缺乏公正性，一旦实施，危害后果很大。法国唯物主义哲学家爱尔维修所言："造成各个民族不幸的，并不是人们的卑劣、邪恶和不正，而是他们的法律不善。"也正如作者在书中所言：包括历代国家政权在内的各种组织、单位的疲软、衰落，原因均为上层阶级之“恶法”所衍生出的毒果，而非下层民众的“不守法”所致。因此，我们需要以史为鉴，极力避免恶法出现，以良法取而代之。所谓良法，是以人民的利益和幸福为最高追求的法律。我国社会主义法律就是典型的良法，它是广大人民意志的根本体现，深刻体现了人民对幸福生活的向往追求。当下，我国已经基本建成社会主义市场经济法律体系，越来越注重人文关怀和公民权利自由的保护，注重维护社会公共利益。这样的法律，实施得越充分，就越能让爱的种子播撒到每一个角落里。可以认为，现今我国的社会主义法律作为反映人民意志的良法，是各族人民获得美好幸福生活的根本保障。遵守我国社会主义法律，就是为幸福生活添砖加瓦。

德谟克利特指出：“法律意在使人们生活得更好。这只当人们自己有成为幸福的人的愿望的时候才能达到；因为对那些遵从法律的人，法律显得是适合于他本性的美德。”在当下我国迈向社会主义法治国家的宏图伟业中，认真思考和研究良法善治与幸福的关系，其意义无疑是巨大的。从这个角度来说，本书的出版正逢其时，希望更多的人士关注良法善治与幸福方面的话题，为增进全体中国人的幸福而努力奋斗！

是为序。

冯晓青

中国政法大学教授、博士生导师

中国知识产权法学研究会副会长

2017年4月26日于北京

序　三

请珍惜信奉法治的年轻人

这是一本以良法与善治为主要视角的读书、论事随笔集，作者是一位“90后”的法学硕士。

读完书稿，我既喜又愧。喜的是后生可畏，乡邦多俊彦。作者的父母和我是同辈人，在湘中山区长大，托邓公改革开放之福才得以通过读书改变命运，走出大山。作者自小随家人在京畿之地生活，他身上依然有着湖湘先贤“经世致用”“心忧天下”的文化遗留。愧的是我曾经轻视了这代年轻人的社会责任感和担当意识，对在中国数千年历史中最富足、和平的环境中长大的他们这代人，不无“九斤老太太”的偏见，总以为他们多是更在意个人生活的“小确幸”，而对社会道德水准、法治环境以及国家之未来，缺乏应有的关注。这本书纠正了我的这些偏见，让我相信，对公正的呵护、对法治的追求、对现代社会文明规则的熟悉和尊重、对脚下这块土地的爱与希望，后辈自比前辈强，后一代人定会比前一代人做得更好。

这本书稿涉及的内容很多，甚至可以说有些芜杂。有作者对一些历史问题的思考，也有对身边的人与事的观察；有对一些立法问题的专业性探讨，也有对教育、经济问题在法律层面的剖析。书稿中引用了大量中国古代圣贤的嘉言与历史典故，也引用了一些西方著名学者的论述，这些显示了作者有广博的阅读和良好的思考习惯。当然，作者毕竟年纪尚轻、阅世尚浅，对一些问题的观察和分析，有时难免呈现出不完善的一面。

我认为，正是这“不完善”尤其值得我们倍加珍惜。因为，他有一颗信奉良法善治的赤子之心，相信良法善治能让这个古老而多难的民族告别治乱循环，从而步入文明与富强。

何谓“良法”，这是一个宏大的法学课题，古今中外不知有多少人为之皓首穷经，写出汗牛充栋的著作，然而它又是一个每位凡俗之人都能感受颇深的常识性问题。诚如作者在自序中所言：“良法的思想观念，在生活的方方面面均可以得到运用。本书所讲述的‘良法’，应作最广义的理解，它不仅指国家机关制定的法律规范性文件，还包括企业、校园、家庭等诸多组织中的制度、规则，以及我们内心的公理、信仰，一套人与人之间相互交往的处世原则。”

显然，作者认为“良法”不仅是写在纸上的，更需要不断在实践中总结完善，运行在每个人的世俗生活中，如空气与水之于社会的每个成员。这个看法是很精到的，也能让我感觉到这代年轻人与他们的前辈不一样的视野和生活准则。

自秦汉以来，中国的统治者治理国家是儒法并用，或曰儒表法里。儒家推崇礼，讲究亲疏尊卑，规范社会关系以血缘为基础，以家族为本位，这当然适应人与人交际以熟人为主的农耕社会；而中国古代的法家所推崇的“法治”，不是今天现代社会的“法治”，古代的明君确实施行过一些“良法”，但它与今天的良法有着本质上的区别，它是以暴力为基础、以权术为手段的治理之道，它的出发点不是保障普通百姓的权益、限制统治者的权力，进而维护正常的社会秩序，而是仅把律法当作控制老百姓的工具。因此，如果不因时因势而变，儒门容易出现满口仁义道德的伪君子，而法家则容易催生以严刑酷法治天下的暴君和以暴易暴的暴民。作者很清醒地看到了这个历史因果，所以他在书中明言：“纵观中国历代王朝的垮塌，有几个是因为老百姓主动破坏法律发动暴乱而导致的？一个都没有。无一例外都是统治阶级那一系列的恶法造成的。”

因为统治者的儒法并用，那么身处统治之中的中国老百姓，要适应这样的社会形态，就很容易形成一种路径依赖：重人情关系和推崇暴力。这是一体两面，当个人利益受到侵害时，以攀交情、疏通关系来维护利益是成本较小的一种选择，如果这条路走不通，那么只能暴力反抗，以玉石俱焚的姿态来对待施害者，让对方掂量风险。而事之是非，理之曲直，法之公正与否，很少被重视。这样的社会环境怎么可能培养出人们对法治的信奉？

《水浒传》中的黑旋风李逵，是一位遇事爱用暴力的底层青年。他的“强盗人格”难道是天生的吗？非也。高唐州知州的小舅子殷天锡搞强拆，要霸占柴进的叔叔柴皇城的宅子和花园，柴进带着李逵去找殷天锡讲理。作为周世宗的后裔，他有宋太祖颁布的誓书铁券，而这位知州的小舅子态度是：“便有誓书铁券，我也不怕！”根本不把规则放在眼里。李逵说出了一句惊天动地的话：“条例，条例，若还依得，天下不乱了。我只是前打后商量。”这句粗话说到了天下的乱源——即有条例（法）不依，所谓的法全留在纸面上，现实中谁有势力谁就可以践踏法律。在北宋末年这种“恶法治国”的情形下，李逵怎么可能会天真地相信“条例”？他自然只能信奉暴力为王。

关汉卿戏曲《窦娥冤》中的窦娥在被冤杀前，哭诉道：“地也，你不分好歹何为地。天也，你错勘贤愚枉做天！”恶法当道，冤屈不得伸的窦娥，只能诅咒天地之不仁。她对世间的法显然是彻底地绝望了。

无论中外，都曾有过恶法当道的时代。良法得行在任何一个民族、一种文化背景下，都是走过弯路、付出过代价的。作者在书稿中引用了古希腊戏剧《安提戈涅》主人公的命运说明恶法非法。安提戈涅是俄狄浦斯的女儿，她不顾国王克瑞翁的禁令，将自己的兄长、反对克瑞翁的波吕尼刻斯安葬，后被关在一座石洞里，自杀而死。她认为俗世的法律之上还有天条的存在，违背天条的统治者的法律就是恶法。这一态度表明了对“朕即法律”的彻底否定。

安提戈涅和古代中国的窦娥命运是一样的，但她俩临死前的态度或许能说明东西方法治进程差异化的某种原因。窦娥控诉老天瞎眼了，而安提戈涅宁愿死也相信天条仍在。20 世纪 70 年代，南非的国父曼德拉因为反对种族隔离被囚禁在罗本岛上，在监狱内囚犯们排演《安提戈涅》，他饰演残暴的国王克瑞翁，通过这出戏的上演，这位南非第一位开设律师事务所的黑人律师更加坚定了“恶法非法”的信念，也坚定了反抗恶法的决心。后来他在自传中如此描述演出此剧的感触：“通过能否勇敢地面对艰难的处境来评估，所谓英雄，就是处于最难受的环境下也不会被击垮的人。”

1877 年，湖湘先贤郭嵩焘被派驻英国，成为中国第一任驻外公使。在英国他结识了一位“忘年交”严复。严复小郭嵩焘 36 岁，是被朝廷公派到英国格林尼治海军学院学习军事的，与翰林出身、侍郎级别的郭嵩焘相比，无论是社会地位，还是年龄和资历都相差甚远。郭嵩焘能降尊纡贵善待年轻的严复，乃是两人都对英国富强背后的“良法”感兴趣。

一次严复从博览会带回了一份《修路机器图说》，向郭嵩焘介绍了西方修建立交桥和改善道路交通的情况。其中说道：“火轮车、马车道路，交互上下，不相悖害。城镇行者如织，并出车路两旁，铺石高寸许以示别。长途因火轮车之利，无担负者。”郭嵩焘由此想到了立交桥背后的政治和法律制度，于是在日记中写道：“西洋于此穷极推求，而国家不敢擅其威福，百官有司亦不敢求便其家。即平治道途一节观之，而知天维地络、纵横疆理，中国任其坏乱者，由周以来二千余年无知讨论，此亦天地之无如何者也!”

在郭嵩焘的鼓励下，严复把学习兴趣转向了对英国政治制度和法律制度的探究。他多次到英国法庭旁听庭审。他得出一个结论：英国之所以国家富强，公理日伸，是因为有一套公正合理的司法制度是其根本保障；反观中国，司法就是“以贵治贱”。行政、司法随意性强，缺乏明确的制度约束与保证，毫无连续性和稳定性，凡事取决于官员的个人素质与良心。

严复是那个时代信奉“良法治国”的青年。近一个半世纪过去了，中国经历几番江山鼎革，可谓风雨苍黄，人世沧桑，法治的行程亦是曲折踯躅。但无论如何，中国的未来在于“法治”应该说没有几个人会反对，但何谓“法治”，何谓“善治”，依然争议不少。在中国社会大转型的今天，年轻一代的法治素养如何，尤其重要。因此，我很愿意推荐杨真这部作品，虽人微言轻，我更想借这本书向全社会呼吁：

请珍惜信奉法治的年轻人!

十年砍柴（文史学者、作家）

2017 年 4 月于北京

自 序

愿世界被良法温柔以待

法律有良法和恶法的区分。所谓良法，就是捍卫人们的权利和自由，防止暴政，制裁犯罪，维护正义的法律；与之相对应的是恶法，恶法就是维护独裁专制、维护暴政、侵害人权、肆意剥夺人们的自由、损害正义的法律。有人曾经提出，恶法具有包括不符合多数人的意志、不符合大多数人的利益、不利于生产力的发展等显著特征。这也是我们用来区分良法与恶法的依据。

有的人说："要想建设法治社会，就必须做到全民守法，如果人人不守法，就会天下大乱。"此话并不全面，它主要是从守法者的角度来论述的，这种说法带有一种专制思维，而且有把人民当作乱民的危险。纵观中国历代王朝的垮塌，有几个是因为老百姓主动破坏法律发动暴乱导致的？一个都没有。无一例外都是统治阶级那一系列恶法所造成的。统治者一直保持一种高高在上的姿态，在他们的观念中，人民只是可有可无的存在，因此，统治阶级毫不考虑普通老百姓的感受，只根据自身的利益需求来制定法律，以此导致了各种各样的矛盾长期累积无法得到合理有效解决，最终，这样的立法者尝到了自己种下的苦果。古人云：得道多助，失道寡助。“得道”和“失道”的根源是什么？就是良法和恶法。正如苏轼教导儿子忠君爱民的真正含义：“民有错吗？民无错；君有错吗？君有错。忠君实是忠民、忠道，对一家一姓一人之君，不可愚忠，更不可死忠。故民在先。”犹记得电影《武状元苏乞儿》中的周星驰饰演的苏乞儿对皇帝说过这样一句话：“丐帮有多少弟子不是由我决定而是由你决定的，如果你英明神武，使得国泰民安，鬼才愿意当乞丐哦。”这些深刻阐释了以民为先的内涵。我国的执政党和政府正是深深意识到了这一点，因此党的十八大提出“科学立法，严格执法，公正司法，全民守法”这新时期法治建设的十六字方针。十八届四中全会进一步阐明：法律是治国之重器，良法是善治之前提。2016 年 12 月，习近平再次指出：“法律法规要树立鲜明道德导向，弘扬美德义行，立法、执法、司法都要体现社会主义道德要求，都要把社会主义核心价值观贯穿其中，使社会主义法治成为良法善治。”由此可见，现在的法律绝不单纯是一个管控人民的工具，而是约束国家权力、维护人民利益、促进社会和谐稳定、保证公平正义的守护神。

良法善治，是历史潮流的迫切需要，是国家发展的根基，体现了全社会的共同意愿。良法是法治的价值追求，善治是法治的运作方式。其主题之一在于规范公权，保障私权。私权是天赋的，公权不是从来就有的，私权先于公权出现。只有充分重视人民群众的根本利益，将人权保护落到实处，公权才会更稳固，才会更好、更顺利地得到推行；同时，稳固的公权可以保障私权的顺利实现，而不是让私权成为空中楼阁一样的存在。“法令者，民之命也，为治之本也。”现今的主流观点是：法律不仅要具其“形”，更重要的是有其“神”，真正的法治是人民的法治，依“法”而治不是关键，最重要的是能够依“良法”而治，只有在良法的指引之下，才能更好地造福于民，赢得人心，把我国建设成为一个真正的法治天堂。近两年修改的《环境保护法》《大气污染防治法》《广告法》，植入了公平正义的法理，反映了真正以人民利益为重，摒弃以GDP论英雄的执政理念，毋庸置疑，这不仅是法律制度的发展，更是社会向前迈出的一大步。在新《环境保护法》的修订中，规定了按日计罚，向上不封顶等更严厉措施，加大了政府责任，并进一步完善了监管机制。从中，可以看出我国在环境保护方面的决心与力度，更重要的是与时俱进的精神和让法律日臻完善的一种态度。

良法的思想理念，在我们生活中的方方面面均可以得到运用。本书所讲述的“良法”，应做最广义的理解，它不仅指国家机关指定的法律规范性文件，还包括社会上所有组织、单位中的制度、规则，以及我们内心的公理、信仰，还有一套人与人之间相互交往的处世原则。对我们每个人而言，后者与前者同样重要。如果说，法律具有强制性，那么公理、信仰、处世原则就带有明显的自觉性和自我规范性，内心所秉承的东西往往会影响到一个人的行为方式和对待事物的态度。人处于社会之中，对于一些是非曲直的判断都会形成自己的标准，但这个标准不能有违公理，渐渐地，对于什么事情该做，什么事情不该做，会有一个比较清楚的认知。

经济建设需要“良法”。经济建设是我国基本路线的核心，是现今工作的重中之重，经济强大了，科技、文化、国防才有了深厚的土壤，我国才能真正在国际舞台上拥有话语权。新中国成立后，特别是改革开放30多年来，我们取得了令世界惊叹的成绩，但也要看到我国仍处于社会主义初级阶段的基本现实，我国经济总量位居世界第二，但人均GDP并不占优，不少人的收入水平还达不到温饱。经济发展需要良法的理念加以规范，我们不能唯GDP马首是瞻，不能过于迷恋一些账面数字的提高，不能一味求速求快而忽视真正的质量，而是要大力推进全面、协调、可持续的科学发展，坚持以人为本，转变经济增长模式，更加注重科技创新、文化传承、环境保护，改善人民健康状况，努力促进社会公平正义与和谐，优化绩效考核，用良好的制度加以约束，求真务实，不图虚名，坚决杜绝劳民伤财的现象。否则，人民的幸福感就无法得到提升，经济建设便达不到良好的初衷和愿景。

企业需要“良法”。企业是经济活动的最主要参与者，它的好坏直接关系到国民经济的发展和人民生活水平的改善。企业若不施行良法，看不到市场经济形势变化，故步自封，就不可能得到良好的可持续发展。有着良法的指引，就必然能以此招来理想的员工，充分调动来自各方的积极干劲，最终实现效益的提升。企业的衰亡，绝大多数是领导层无“良法”、无“善治”引起的；员工不守规则，进而引起企业衰亡，这几乎是不可能的。韩非子说：“且夫物众而智寡，寡不胜众，智不足以遍知物，故因物以治物。”企业的“法”，即企业的各项管理制度，就是管理企业的手段和工具，“良法”是企业文化的重要构成部分，是企业生存的根基。“恶法”不仅仅会打击员工的积极性，甚至会让他们对发展丧失信心，失去了信心等于没有了精神支柱，谁还会去为企业贡献力量呢？简而言之，不是市场不景气，而是脑袋不争气。企业若对良法没有一个清醒的认识，只关心如何以较少的投入实现短期最大的产出，只看中暂时的经济效益，没有长远眼光，不去思考构建自身的软实力，发展之路注定不会长远。

教育需要“良法”。百年大计，教育为本，它是民族振兴和社会进步的基石。我刚刚毕业不久，也深知良法对于每一所学校、对于每一个学生的重要程度。学校应当在教室和宿舍环境、食堂、图书馆、田径体育设施、网络及通信等方面提升硬件水平，更有必要在教学质量、师资力量、管理制度这些软件层次下大功夫。对于学生来说，良法能够给予他们更多成长的空间，学到更多更好更实用的本领，以有足够强劲的资本立足于日趋竞争激烈的社会，而不是束缚。如今的学生越来越有自己的思想，他们特立独行，却又涉世未深，学校的制度不能是冰冷的存在，而应为有温度的良法，真正设身处地为他们考虑。现在的竞争归根结底是人才的竞争，若不能以良法治校，没有一个正确的教育管理观念，便造就不了德才兼备的教授，无法为社会输送源源不断的优质人才，与世界一流大学的建设也是渐行渐远。家庭教育则更为关键，好妈妈胜过好老师，对于孩子而言，家长当然有着绝对权威，但这种权威不能演变为无休止的专制，只有不断学习，不断完善自己的育儿经，才能取得“窦燕山，有义方，教五子，名俱扬”的良效。

国际社会需要“良法”。正如我们每个人都需要知晓和遵循社会的普世价值，每一个国家也要遵守国际法治以及国际社会达成的最诚、最善的行为准则。美国著名的国际法学者亨金教授曾经说过：“在各国关系中，文明的进展可以被认为是从武力到外交，从外交到法律的运动”。世界上有200多个国家和地区，矛盾与争端不可避免，这就需要相关的法律制度来加以协调和约束。良法对于大多数国家而言是保障，当合法权益受到侵犯时，可以寻求“国际法”的援助与支持。但是，对于某些心术不正、妄想称霸世界的国家来说，良法就成为束缚。“二战”时期，希特勒公然违背国际条约，造成了上千万的杀戮，但终将逃不过法律的制裁。作为国际法最主要渊源的国际条约应当是国际正义的体现，只有自觉遵守、维护并不断发展，国家间的交往联系才能得以正常进行。如果可以任凭自己的意志为所欲为，肆意侵犯他国的主权和领土完整，那么整个世界就会动荡不安，没有秩序可言。

作为社会组成部分的每个家庭和每个个体的我们也需要“良法”。“无规矩，不成方圆”。很多人对于善与恶根本没有评断的标准，可能会随波逐流、人云亦云，此时，规矩与原则的出现就是一种必要。自古以来，规矩是一种约束、一种尺度，也是一种自制力，一个没有良法意识的人，可能会任凭自己的意志胡作非为，这就要求我们树立正确的权利义务观念，培育社会主义公民意识。格物、致知、诚意、正心、修身、齐家、治国、平天下，这依靠的都是每个人心中的“良法”。良法，也许在眼前，也许在未来，但只可能迟到，绝不会消亡，它似红日般和煦，又如明月般皎洁。人的一辈子会经历很多很多，良法就是一盏指路明灯，为你照亮前进的方向而不会走入歧途；良法就是你心中久违的“桃花源”，在受挫之后得到心灵的平和、自由与洒脱，才能游刃有余，处变不惊。没有良法的指引，人生注定会艰难无比，找不到准确定位，无法成功做人做事。

……

当然，我们承认现今社会还存在着不少令人头疼的问题，不可能事事令人满意。有这样一个流行段子表达了我们“80后”“90后”的心酸无奈：

我们这一代人到底惹了谁？当我们读小学的时候，读大学是不要钱的；当我们读大学的时候，读小学是不要钱的。

我们还没工作的时候，工作是分配的；我们可以工作的时候，撞得头破血流才勉强找份饿不死人的工作。

当我们不能挣钱的时候，房子是分配的；当我们能挣钱的时候，却发现房子已经买不起了。

当我们没有进入股市的时候，弱智的都能赚钱；当我们兴冲冲地闯进去的时候，才发现自己成了弱智者。

当我们没找对象的时候，姑娘们是讲心的；当我们找对象的时候，姑娘们是讲“金”的。

但是，我们不应该因为社会存在一些残酷与冷漠，就习惯戴着有色眼镜去衡量周围的人和事。应当能够看到，这个世界还是在不断前进，我们应当学会用心感受萦绕在身边的美好。此时，我完全可以这样说：

我们出生起就生活在宽敞整洁的楼房里；父母小时候只是住小平房甚至茅草屋的。

我们现在是可以随心所欲使用高科技的手机和电脑的；父母年轻时只能是邮信件和发电报的。

当我们上学的时候，查阅各方资料是十分便捷的；父母上学的时候，可用资源是十分受限的。

当我们想出国了，可以背起行囊说走就走的；父母年轻时想出国了，只能是在梦里找找感觉的。

我们可以经常逛街游玩品尝山珍海味大鱼大肉的；父母小时候，能够填饱肚子就已是心满意足的。

身处在这个时代之中，社会为每个人提供了一个大舞台，我们可以自由地展示自己，尽情发挥所拥有的才华，因此，这是迄今为止最好的一个时代，而且未来世界也将胜于我们的现在。与过去相比，无论是物质生活还是教育水平，毫无疑问，我们是幸运的。如果时光可以倒流，让你回到30年前的社会去生活，你愿意吗？其实，换一个角度，就是换一种心态，而心态就决定了处理事情的行为方式。我们不能妄自菲薄，眼前的困难只是暂时的，好多问题只是现今发展阶段的必然出现，不论是经济还是法治建设，我们有理由相信看似高不可及的难关定会被一个接一个地克服。这些困难有时会被无限制地放大，然后慢慢丧失战胜的信心，其实，它们并不是无法打败的存在，只要保持一往无前的心态，定能取得成功，应该看到这个社会仍旧充满正能量。塞翁失马，焉知非福，乐观的人在看待事物时态度是积极向上的，而悲观者只会沉沦于过去的抑郁之中。从这些不快乐的事情中跳出来，自有另外一种云淡风轻，但得夕阳无限好，何须惆怅近黄昏呢？

我认为，只要自己过得好，就是为全世界做出了贡献。当然，这只是我的个人判断，同时，我也有充足的理由。世界上有七十亿人口，我们每一个人只是如尘土般卑微的七十亿分之一，想想看，七十亿分之一是一个多么渺小的概念，如同长河中一滴晶莹的水花，太微不足道了。可要知道小河有水大河才能满，大河的源头活水来，不正是千千万万条小河汇集而成的结果吗？全世界的和平与发展，难道不是世上每一个人共同作用才得以不断推进的吗？即使自己是很平淡甚至平庸，但只要真诚对人，做好本分之事，不去忌妒别人，这不就是给世界贡献了七十亿分之一的力量吗？如果我们更有作为一些，照顾好最亲最爱的人，并给身边有限的人们带来有限的帮助，这不是做出了七十亿分之二、七十亿分之三乃至更大更多的贡献吗？我们不能小看个人的力量，每一个人都是无法替代的，每个人的潜力都可以是无穷的，就如同中国的巨变，从原先的“东亚病夫”发展成为世界强国，这里面需要的是所有中国人的努力，一个人的力量看起来渺小，但是所有人凝聚在一起，形成合力，必然能构筑起宏大的盛景。

春夏的北京，百花齐放，生机盎然，令人情迷。雾霾渐渐少了，晴天渐渐多了。我想，良法就像这人间四月天一样，给人以爱、以暖、以希望，给人最浓烈的幸福感。当前的中国正处于转型时期，无论是经济、政治还是文化，都处于不断的发展变化之中，良法从来都是不懈追求的目标。“法律是治国之重器，良法是善治之前提”，良法善治就是在荫泽着一代又一代人，是国家的兴旺所在，百姓企盼的未来所在，是实现我们每一个人内心里“中国梦”的不断源泉和活力所在。

就让我用林徽因的这首诗来表达我内心对良法善治的深深眷恋：

我说你是人间的四月天；
笑响点亮了四面风；
轻灵在春的光艳中交舞着变。
你是四月早天里的云烟，
黄昏吹着风的软，
星子在无意中闪，
细雨点洒在花前。
……

杨真

2017年3月28日于北京崇文门

得良法者得天下

人民群众对立法的期盼，已经不是有没有，而是好不好、管用不管用、能不能解决实际问题；不是什么法都能治国，不是什么法都能治好国；越是强调法治，越是要提高立法质量——习近平

法律之下，应有天理人情在——安提戈涅

政府的目的是为人民谋福利——洛克

人民的福祉是最高的法律——西塞罗

法律的制定是惩罚人类的凶恶悖谬，所以法律本身必须最为纯洁无垢——孟德斯鸠

你要求公正，公正是干什么的，是为了达到幸福；你的秩序，你的人权，你的权利保护，都是为了使人民群众生活达到幸福，所以应该将幸福感作为法律的一个终极性目标，这个目标可以把前面那些目标都吸进来——刘作翔

细细品读我国法律的每一条文，你可以发现，它们几乎都是与我们内心的情感、社会的正义与公理相吻合的——笔者

一、良法与恶法的撞击

恶法亦法和恶法非法是千百年来争议不断的法律话题。这个问题，是法律与道德的关系争论，更是实证分析法学派和自然法学派的根本分歧。实证分析法学派主张无涉说，认为法律与道德这两者没有必然联系，法律就是国家制定的实在法，即使是再怎么不道德的法律，但只要是权力机关制定，它就是法律，即“恶法亦法”。该派的代表人物是英国法学家约翰·奥斯汀，他认为：法律只应研究实在法，也就是“实际是这样的法”，而不应像自然法学家那样研究“应该是什么样的法”，法就是法，与道德没有必然本质的联系，法之为法的理由在于其来源于国家的立法权，而不是道德规范等“外界因素”。实证分析法学派一直强调法律权威，认为“命令”“主权”“制裁”是不可缺少的三个要素，既然规则摆在那里，就必须服从，即使是邪恶的法律，也不会失去作为强制性命令的性质。

自然法学派的代表人物很多，包括格劳秀斯、孟德斯鸠、卢梭、洛克等著名法学家。自然法学派特别重视和强调法律的应有价值，自由、仁爱、公义、理性，认为法律必须符合社会历史的发展潮流。它主张包容说，并认为法律和道德有天然不可分离的联系，法律应当合乎道德，不合乎道德的法律不应该叫作法律，即“恶法非法”。因此，自然法学派的法学家大多主张“良法之治”，柏拉图在其

《理想国》中直接把道德正义作为法律正义的前提。不仅如此，新自然法学派的富勒在《法的道德性》中指出了法律的内在道德性的八项原则：“一般性，即普遍性；公布；非溯及既往；明确；不矛盾；可为人遵守；稳定性；官方行为与法律的一致性。”这八项原则也构成了现代法学界的主流思潮。

古希腊哲学家苏格拉底，由于学术思想活跃，经常抨击雅典政治制度，一向激进的他与雅典统治者从此产生了不可调和的矛盾，因此被人指控企图毒害青少年，犯有叛国罪，毫无依据地判处他死刑。临刑前夜，他的学生买通狱卒，准备帮助他越狱。他的一个学生克里劝说苏格拉底：“雅典的法律是多数人的暴政，毫无正当性可言，我们根本没必要遵守它，所以赶快跑吧。”苏格拉底反问道：“法律虽然是荒谬的，但越狱就是公正的吗？对一个被判有罪的人来说，虽然这个判决是荒唐、可叹又可恨的，但是，我们仍然有义务服从，怎可因我造成国家秩序的大乱啊。”因此，苏格拉底断然拒绝了逃生的机会，选择慷慨赴死。

第二天，这位伟大的思想家毫无惧色，向窗外望了望无比眷恋的城邦，端起狱卒递来的毒酒，一饮而尽，含笑而逝。他坚贞笃行，要留清白在人间，不想落得个抗法脱逃的罪名以致晚节不保，而是用自己的生命向世人证明了恶法亦法的法理取向，为了心中永远不变的准则殒身不恤。只要在形式上符合法律的构成要件，就请人们遵守，至于法律是好是坏，对不起，这不能成为违抗的借口，否则，就没有人守法了。在苏格拉底眼里，国家制定的法律必须服从，因为这是一种责任，如果不服从，就必须得到应有的制裁。

苏格拉底之死

十四年后，雅典人幡然悔悟，终于为他平了反，原先控告苏格拉底的三个人得到了应有的下场：一人死刑，另外两人被逐出境，最终，苏格拉底获得了公正的对待。从"苏格拉底之死"也可以看到恶法亦法产生的后果，这葬送了一位伟大的哲学家，是雅典的悲剧，更是希腊的悲剧，他的死给民主、法制、公正、自由的价值观念蒙上了阴影，为后人留下沉甸甸的思考。人们不停地追问，一个堪称民主和言论自由的城邦，为什么会审判并处死一个根本没有任何罪行的人。苏格拉底对西方哲学的发展有着深远的影响，他一生都在不断探索真理。苏格拉底为“恶法”赴死，其震撼更甚于他在哲学领域的突出贡献。

但我们要看到的是，苏格拉底所处的时代，是两千多年前黑暗的奴隶社会，那时候的专制思想极其严重，下面这个故事会从根本上扭转人们对法律的看法。

纽伦堡是德国一座美丽的城市，湖光山色，烟波浩渺，令人心醉，这里的人们过着安定平静的生活。但是，1945 年 11 月 21 日至 1946 年 10 月 1 日期间，由第二次世界大战战胜国对轴心国的各级战犯进行的数十次审判在这里拉开帷幕，这次世纪大审判让纽伦堡走进了世人的眼中。

第二次世界大战结束后，那些罪恶累累的战犯被送上了审判庭。德国法西斯造成了上千万的杀戮，尤其是那臭名昭著的集中营。他们给世界人民带来了黑暗，多少人为此付出了生命的代价，多少家庭妻离子散，这些战犯的罪行罄竹难书，被人们牢牢铭记。

如何对这场人类历史上从未有过的暴政进行一个终结，是当时面临的一个重要挑战。面对指控，战犯说：“我们只是在奉命行事，执行国家指令，何罪之有啊?”他们纷纷拿“执行法令不算犯罪”来为自己开脱。还有一些普通德国士兵认为，自己虽然参与了战争，但只是作为一名德国公民履行自己保卫祖国的义务而已，不是犯罪行为。纳粹反动精神早已深入这些战犯的骨髓之中，明明罪恶滔天却仍旧持有一种死活不认罪的态度。

然而，终究邪不压正。大法官给他们来了当头一棒——这样践踏生命与权利，完全与人类文明、理性、道德相违背的法律，根本无法称之为一个正常的法。每个人都有判断是非的能力，有不服从恶法的义务，任何一个有良知的公民都不会执行这样一部恶法，这是早已被世界文明所公认的事实。纳粹战犯固执地认为自己的做法无比合理，这样的态度未免令人心寒，他们所谓的执行命令不过是建立在葬送他人生命的基础上，因此，随意执行恶法必须要受到法律制裁。而后，公诉人提交了大量证据和控诉材料——黑乎乎的牢房里，每个人的眼里充满惊恐和无助，悲怆的气息充斥着整个牢房。随着党卫队一声令下，数十挺机枪“突！突！突！”地开火，接着，尸体被投入焚尸炉化为灰烬……当他们看完后，顿时大惊失色，任何狡辩都已是徒劳。

纽伦堡审判现场

最终，纳粹战犯都得到了应有的下场，12 人被判绞刑，其余人被判无期、有期徒刑不等，为他们罪恶的一生画上了一个句号。对于世界人民来说，这是一场正义的胜利，意味着同纳粹彻底划清了界限。的确，历史重新翻开新的一页，这一页上应该写满的是深深的思考和沉甸甸的教训。德国人以严谨、遵守规则而著称，但盲从会害人害己，基于此，德意志民族从此开始了对历史的反省。

在这场审判中，纳粹的暴行暴露在阳光之下，我们更不能忽视的是，它们大多穿着合法的外衣，这就使得更多的人开始深思。实证分析法学派所认为的法律就是法律，不用考虑其道德要求和内在价值，这样的观点使德意志整个民族都无力抵抗纳粹"合法化"了的暴行，更让一些德国士兵充当了犯罪的工具而懵然不知。正如纽伦堡审判中的首席检察官罗伯特·杰克逊所说："对全世界来说，判决的重要性并不在于它怎样忠实地解释过去，它的价值在于怎样认真地警戒未来。"我们究竟应当从这次世纪大审判中懂得什么道理呢？那就是——恶法非法，你虽然执行了国家的法律，但你违背了全人类最崇高的法律准则。

从此之后，世界重新开始检视现有的法律体制和法学理论，对于法学界来说，纽伦堡审判是一次重大突破，它标志着自然法学派的再度兴起。由此开始，自然法学派取代实证分析法学派，成为时代的主流。

由联合国国际法委员会制定的《纽伦堡原

则》中提到，国内法即使不处罚国际法罪行，也不能作为行为人免除国际法责任的理由；依据政府或上级命令行事者，假如他能够进行道德选择，就不得免除其国际法责任。这就打破了“军人以服从命令为天职”的绝对神话，军人在执行任务时，他不仅仅属于部队，也是一个独立的个体，能够进行基本的是非曲直判断与选择。当统治者的命令显然违背基本人性和正义时，所有的执行者必将受到惩罚。服从命令，不能成为豁免其法律责任的理由。即使是军人，因为接受军事命令而犯下罪行，他也将承担作为一个人的法律责任，没有豁免权。即“内法不得对抗外责”，如果你的长辈或上级要求你去做非法之事，你能以“执行法令”为由而逃脱惩罚吗？服从命令听指挥是你的任务，但不得损害他人合法利益是必须遵守的一个前提，这也类似于民法常讲的“内部约定不得对抗善意第三人”。

1 +0 <0，1 +1 >2。良法善治与严格执法缺一不可

亚里士多德的这句话被奉为现代法治的精髓所在：“法治应包含两重含义，已成立的法律获得普遍的服从，而大家所服从的法律又应该本身是制定的良好的法律。”这才是真真正正地道出了法治的真谛，即使过去了两千多

年，却丝毫不过时，并在一代又一代法律人的传承和发扬之下，不断绽放出新的光华。因此，法治之下的法律必须是自然、公正的良法，它能够尊重人类公认的文明准则，符合国际法的精神，符合广大人民的根本利益。

亚里士多德

没有强制力的法律是一把不燃烧的火。如果良法得不到贯彻落实，它就是个“植物人”。由国家强制力保证实施是法律区别于道德和其他社会规范的最重要特征，任何一部法律的制定都是为了更好执行，单凭内心的道德自律去守法是根本靠不住的，更重要的是要有具备强大说服力的机构去监督。列宁说：“如果没有一个能够迫使人们遵守法权规范的机构，法权也就等于零。”无人守法，会使得政府的权威性大大降低，犯罪分子会无所顾忌，接下来就产生多米诺骨牌式的破窗效应，会使守法者迅速蜕变为违法者。这类“软法”不具备法的基本特征，此时人民守法只靠内心道德作为支撑，法律就和道德没什么区别了。1972年发生在美国的“水门事件”，尼克松总统遭到弹劾，联邦最高法院丝毫不给这位大总统面子，甚至要以妨碍司法的罪名追究其刑事责任，因其结束越战、改善中美关系的历史功绩，才不了了之。法治的本质是权力受制于法律，即使你身居总统之高位，万人之上，也应在二者之下。二者谓谁？上帝与法律也。每个人都应在法律的范围内行使他所被赋予的权力。

云南大学校园内，象征法律的神兽獬豸（音 xièzhì），相传它能辨曲直、识忠奸，是公正的象征。

相反，法虽然得到实实在在的执行，却是一个个的恶法，它实则是个“精神病患者”，而且是个完全丧失控制行为能力的“人”。这会给恶法穿上了一层冠冕堂皇的外衣——执行恶法而不会受到处罚，这与精神病患者杀了人而不受刑事追究何其相似。这样一来，社会伦理、道德规范被统统放置在一边，只留下一个“武疯子”四处作乱，这样的结果光想想就不寒而栗。九阴真经是金庸小说中最宝贵的武功秘籍，它包含上下部，没有上部的基础而直接强练下部，则会走火入魔，一身盖世武功与自己彻底绝缘，自己会变成一个实实在在的疯子。一个人成为疯子并不可怕，可怕的是整个社会都陷入一种“癫狂”状态，这绝不是危言耸听。纳粹德国就是很好的例证，原本温文尔雅的德国人变成了杀人不眨眼的恶魔，他们用“服从命令乃军人天职”的口号来做掩护，成为逍遥法外的杀人机器。这是历史，更是现代和未来社会发展的警钟。

良法与经济秩序

《威尼斯商人》是莎士比亚四大喜剧之首。它的主要情节是这样的：巴萨尼奥爱上了美丽的姑娘鲍西娅，他的朋友安东尼奥为了成全他们的婚事，不得不向犹太商人夏洛克借债。平日里安东尼奥为人慷慨，借钱给穷人且经常不收利息，这破坏了夏洛克的生意，他便怀恨在心，趁此机会与安东尼奥约定，如果到期不还钱，就在安东尼奥的身上割下一磅肉。但孰料天有不测，商船遭遇风暴，安东尼奥真的无法按时还钱。夏洛克笑逐颜开，这下可算有机会置他于死地了。虽然安东尼奥愿接受多一倍的罚款，但夏洛克就是不肯答应，非割肉不可。无奈，只有通过法院予以解决。

那位才貌双全的鲍西娅小姐扮作辩护律师出现在法庭上，机智的她说：“法院应当判决原告胜诉，契约是不可违反的，夏洛克有权割肉。”夏洛克顿时乐得合不拢嘴，举刀准备扑向安东尼奥。可鲍西娅语气一转：“你割肉可以，但合同中没说流血，如果流一滴血的话，你就是违约，你就是蓄意谋杀，按照威尼斯的法律你的财产要全部被判充公。”夏洛克顿时瘫倒在地……这场好戏让好人坏人各得其所，这场“割肉还债”故事最终以正义的胜利而告终。

在这部作品中，莎士比亚用犀利的笔触反映了资本主义早期商业资产阶级与高利贷者之间的矛盾。这种矛盾通过夏洛克和安东尼奥就可以展示出来。夏洛克贪婪吝啬、爱财如命、阴险狡诈，而安东尼奥真诚善良、仗义疏财，二者之间形成了鲜明对比。它的主题便是赞颂仁义、爱情与友谊，每当人们读起它时，总是唾弃夏洛克的残暴，同情下层人士的境遇，夏洛克被讽刺为世界四大吝啬鬼之一（另三人为泼留希金、葛朗台和阿巴贡），这和人们的仇富情绪不无关系。有人说，《威尼斯商人》用生动的法庭对抗场景提出了海外贸易和犹太人放高利贷等经济问题，现在，暂且不考虑经济问题，只要我们细细品读，它蕴含着极为深厚的法学真理。

是的，欠债还钱，有约必守，这是天经地义的事情，举债要写欠条立契约也是普遍存在的做法，夏洛克和安东尼奥本身就有约在先，规定过期不还就要“割肉还债”。如果仅按照合同精神，夏洛克的要求是于法有据的，而鲍西娅完全是在胡说八道，是一种地地道道的强盗逻辑，如果法官都像她这样进行推理的话，非天下大乱不可。割肉不可能不流血，这是尽人皆知的常识，根本没有必要再将不得流血的内容写入合同，不得流血的说辞也完全不能成为拒绝履行合同的抗辩理由。否则，若一个人因罪而被押送刑场等待枪决之时，被告的辩护律师完全可以大摇大摆走过来说："判决书上只写着判处死刑，而未提及停止呼吸，所以，行刑以后，被告若是没了气息，法院就是犯法。"

不管我们从《威尼斯商人》当中窥探出了多少致命的漏洞，更不管律师要求夏洛克在割肉时"不准流一滴血"这个条件中含有多少诡辩的色彩，显然，莎翁的目的，不正是为了宣扬法律必须具备其应当具备的正义性吗？这也是莎士比亚对缺乏人道的法律规则，添加了的一点慈悲。法官明明知道夏洛克的契约完全符合法定手续，即使其中包含夺人性命的险恶要求，威尼斯的法律也不能把他驳回去。但是，鲍西娅一直在尽全力挖掘其中的漏洞，来帮助安东尼奥，这个非法契约的受害者。她是聪明的，更重要的是满怀正义感，原本难以调和的矛盾，就在她的口中轻松化解于无形。在几百年前的那个时期，莎翁通过文学作品展示自己的法律理想，表达了对良法善治的憧憬，难道在发达的 21 世纪，我们不应当有一个更加突破性的进展吗？

经济与法律二者是相互促进的。一方面，经济基础决定上层建筑，作为上层建筑重要组成部分之一的法律自然也决定于经济，法律的制定、法律的内容、法律的性质、法律的重要特征以及法律的发展和变化，皆与经济社会现状休戚相关。另一方面，法律能够服务经济并长期推进经济的发展。当时的威尼斯已经是一座繁荣的商业城市，繁荣的背后是各项法律的支持，两者相互作用，共同推动城市的进步。意大利是文艺复兴的发源地，资本主义在这里率先兴起，自然对贸易讲究快捷、经济，因此，在这样的条件下，威尼斯势必会保护夏洛克的契约。契约必须遵守，这是每个人的义务，否则对商品经济、信用体系是极为不利的，尤其对于一个高速发展中的城市来说。不仅如此，契约也是私法自治原则、诚实信用原则在民法领域的重要体现，只要违约，就必须承担合同事先定好的违约责任，除非对方同意让步，否则根本没有妥协的余地。但是，民法中还规定了更为神圣的公平正义、公序良俗原则，任何案件的处理不得与公平正义和社会善良风俗相违背，这才是社会进步所真正需要的元素。

这让我们很自然地联想到生活中随处可见的合同。对于能够成立并生效的合同，必须满足若干条件：签订合同的主体适格，合同内容要合法，签订双方意思表示真实。其中，合同的内容是否合法，是否满足人类最基本的情理道德要求，渐渐成为人们重视的焦点。一纸契约就是交易双方的“法”，按理说必须遵守。可是，不道德的契约不具备法的性质，也就无法产生应当遵守的效力。约定优于法定是合同法的原则之一，有约定就按照约定，没有约定才按照法律的规定进行操作，但这个约定绝不可能是无底线的。因此，我国合同法规定，违反法律、行政法规和损害公共利益的合同是无效合同，自始无效，绝对无效，比如贩卖毒品、交易珍贵野生动物，或是“擂台之上生死有命”之类对生命、健康造成损害的合同，均为无效。私有财产权与生命健康权发生冲突之时，前者必须做出让步，这在很大程度上保障了合同双方的法律权益，维护社会最基本的交易秩序。

二、恶法非法

恶法实质上是被包装过的恶行，坚持恶法亦法，会成为一些人推行专制的手段和借口

西方有句法律谚语：“暴力也可能是戴着法律的假面具。”“恶法亦法”实际上是腐朽势力为推行专制、进行“洗脑”而找的一个借口，给专制统治披上一层合法的外衣，完全有打着法律的旗号来行卑鄙龌龊之事的可能。希特勒就是典型，他制定了《消除人民和国家痛苦法》《禁止组织新政党法》《保护德意志人民紧急条例》，加快了法西斯专政。坚持恶法亦法，跟“我就是王法”没有任何区别，因为腐朽的封建势力同样坚持恶法亦法。约翰·奥斯汀所处的年代，是资产阶级为了巩固自己统治的年代，彼时强调“法律是主权者的命令”，即“法律命令说”，是符合当时潮流的，正迎合了资产阶级统治人民的需要，这就为人们遵守法律提供了理论基础。

只要坚持“恶法亦法”的观点，在实际适用中就有可

能将所有的法律规定都变为“恶法”。[1] 统治者披着法律的外衣，就可以肆无忌惮地推行他口中所谓有益于人民的制度。社会上还流行这样的观点：“合情合理不合法的，必须依法办。”这个观念意味着，当“法律规定”与社会普遍认同的基本道理发生明显冲突时，只能讲“法”不能讲理。[2] 因此，恶法就更有了生存的空间，把基本的社会道德规范放置一旁。而良法之治，才是现代民主共和国家与封建帝国的根本区分。

东吴末代帝王孙皓是孙权的孙子，也是历史上少有的暴君之一，生性残暴，沉溺酒色，大兴土木徭役，完全没有继承他爷爷身上哪怕一丁点的优点。他制定的刑罚极其严酷，手下人稍有不慎，所作所为不合其意，便会招致灭顶之灾。他的一个小妾派人上街抢夺财物，被大臣陈声绳之以法，孙皓认为陈声是故意跟自己过不去，就用烧红的铁锯将陈声的头割了下来；他还创造了“斜视”的罪名，朝堂之上有人对其斜眼，就要去见阎王。孙皓好酒，常召集大臣饮酒作乐，还必须每人将7 升酒全部见底，否则将被投入死牢，

---

❶ 陈忠林.“恶法亦法”误尽法治.［OB/OL］.（2010－08－23）［2016－07－16］. http://newspaper.jcrb.com/html/2010－08/23/content_51882.htm.

❷ 同上。

群臣惶惶，赴宴简直就是上刑场一般。孙皓玩女人的方法更是无人能出其右，他命令全国适龄女子不得成婚，看对眼的都要送上来，被淘汰的才允许出嫁。后来他想把都城从南京迁到武昌，时有民谣：宁饮建业水，不食武昌鱼。宁还建业死，不止武昌居。可见老百姓对他的痛恨之心，死我也不跟着你。毛主席的“才饮长沙水，又食武昌鱼”即出于此。等到时机成熟，晋武帝派杜预、王濬率军大举南下，势如破竹，吴军几乎没有抵抗之力。孙皓黔驴技穷，灰溜溜地向晋乞降。

在我国古代，“国之大事，在祀与戎”，在现代法治社会，国之大事，就得首推立法。改革开放三十多年来，我国的立法经历了重重考验，也遇到不少困难。这些年来立法任务重、难度大，但我们一直在实践中不断研究探索。在我国，立法具有开放性、民主性、科学性，科学、民主的立法程序是法治国家的重要标志，现代社会瞬息万变，利益关系错综复杂，要使法律既符合现实需要，又能适应未来的社会发展，就必须有科学的立法态度和立法体制。因此，我国法律的制定会邀请最顶尖的专家学者参与讨论，经过提案、审议、表决、通过、公布等多个程序，才能最终付诸实施。宪法的制定就是一个很好的例子。一般的法律进行修改，需要过半数的代表同意，而作为治国安邦总章程的国家根本大法——《宪法》，是经过全国人民代表大会以全体代表的三分之二以上的多数通过才能修成。我国《立法法》规定："立法应当体现人民的意志，发扬社会主义民主，保障人民通过多种途径参与立法活动。"立法必须以确认和保障人民的权利为根本宗旨，而不能以少数人的意志为依据。而恶法往往并未经过科学的制定程序，没有体现大多数人的意志，往往是少数当权者为了维护自己的非法利益而随意制定的。例如，皇帝如果做梦见到自己的江山被李姓人夺了，难道他就可以草拟一道圣谕：将全国李姓人全部杀死？所以，恶法会钻了良法的空子，影响法治建设的进程。

下面这些对话在生活中随处可见：

员工："老板，人家公司为啥福利待遇那么好，还总有带薪休假。我们天天这么累，工资却那么低。能不能也稍稍改善一下，要不我们怎么生存啊？"

老板："你不要老是挑这挑那的行不行。如果觉得在这委屈了你，那就辞职去他们公司啊！"

老师："人家学校窗明几净，宽敞亮堂，可咱学校呢？教室简陋，墙壁脏兮兮的，宿舍还拥挤不堪，为啥不能把这些环境改善一下呢？"

校长："这些管你啥事？如果你觉得咱学校

不好，那趁早走人吧，就别在这教书了。”

儿子：“爸，你为啥天天就知道和别人玩麻将呢？你看邻居家的小朋友，他爸爸就经常带他一起滑雪、赏花，晚上还讲故事给他听，你也多陪我一起玩玩好不好？”

父亲：“你要是觉得他老爸好，那你别在咱家住了，去他们家生活吧，把他爸当你爸爸，行吗？”

德沃金在《认真对待权利》中指出：“如果政府不能认真对待权利，那么它也就不能认真对待法律。”人权是人作为人享有和应该享有的权利。因此，中国通过各种方式来尊重和保障人权，例如，引导经济发展为主与建立健全社会保障制度、尊重个人自由、对少数人群的权利实行积极差别待遇和特殊保护等方式。其中，最关键的一点就是在2004年十届全国人大二次会议将保护人权的条款写入宪法，突出表现了我国力争在人权保护中取得突破性进展，这成为人权事业发展史上的重大里程碑，是用良法来保障人权的典型。

人们往往把“领导”看作是一个具有关键作用的角色，因为他是一个组织的核心，能够指挥、引导、激励下属为实现目标团结合作。正是因为他的重要作用，一些人接到指令之后往往不问缘由便一股脑去做，从来不去分析正确与否，领导说往左，下属不敢往右。有时对于领导不正确的决策，下属可能也是唯命是从。我们不能否认的是，在大多数情况下，上级领导处于纵览全局的位置，经验丰富、能力突出，必然站得高、看得远，眼光、胸怀、业务素质也应当比下属强，他们之所以能一步一步走到领导岗位，肯定在某些方面有超过他人之处。但是，这不代表上级永远是对的，永远不会犯错误。上级很多时候是无心的，这就需要每一个下属认真负责，去帮助上级少犯错、不犯错。但是很多下属为了明哲保身，不去努力帮助领导避免错误，而任其自由发展。古人也强调事君能致其身，可明知上级不对，却听之任之，这根本不是忠诚，实际上是坑领导，是极度不负责任的表现。不根据实际情况进行讨论和审察，一味盲目执行，这种单纯建立在“上级”观念上的形式主义的态度是很不对的。盲目地、表面上完全无异议地执行上级的指示，这不是真正在执行上级的指示，这是反对上级指示或者对上级指示怠工的最妙方法。[1]

一天，苏格拉底在课堂上拿出一个苹果对学生说：“请大家闻闻空气中的味道。”一名学生很快便举手回答说：“是苹果的香味。”苏格拉底走下讲台，举着苹果慢慢地从每位学生身旁走过，

[1] 毛泽东．毛泽东选集［M］．北京：人民出版社，1991：111.

并要求大家再次仔细地闻一闻，这时已经有半数的学生举起了手，苏格拉底回到讲台上，又重复刚才的问题。这一次，除了一名学生外，其余的学生都举起了手。苏格拉底问那位没有举手的学生说："别人都闻到了，难道你的嗅觉有问题吗?"那位学生肯定地回答："我真的什么也没有闻到!"这时，苏格拉底对大家宣布："只有他是对的，因为这是一只假苹果。"这名学生就是后来大名鼎鼎的哲学家柏拉图，而其他学生，大多湮没在历史的尘埃里。

现在，许多单位在新人入职培训时，也强调不盲从。

坚持恶法亦法，与为人民服务的理念完全背道而驰。失去了人民的支持与拥戴，就会滑向衰亡的深渊

就像有人所言："既然以后想做规则的制定者，那么最起码就应该具备尊重规则的意识和习惯。"这话当然有道理。可是，在茅坑旁边待久了，身上也不会沾上什么香气：如果你在作为执行官的时候，一直在执行着许多"恶法"，有朝一日即使成为规则的制定者，我想你创造出来所谓的"规则"，或许免不了又是一个个的"恶法"。因为你骨子里没有良法的理念和为他人着想的善念，完全以自我为中心，口含天宪，规则制度对你而言只不过是权术的

手段罢了，这就是绝对的权力导致绝对的专制与腐败。因此，这就给那些规则的制定者提出了更高的要求，纵然使用各种手段强加在别人身上，也不能形成有效的认同。那么，只有以公平正义代替强权，以伦理道德和公序良俗作为基础，人们才能在达成共识的前提下，制定广为认可的规则，才能培植民众对法律的信仰。❶ 恩格斯说："我们根本没想到要怀疑或轻视'历史的启示'，历史就是我们的一切。"靡不有初，鲜克有终，在朝代更迭的过程中，开国君主往往能够反思前朝灭亡的教训，与臣子们励精图治，可经过了几代人之后，往往只会沉浸在胜利的喜悦之中，忘乎所以，觉得危机不会降临在自己头上。因此，为了能够加强对人民的统治，让他们真正臣服于自己，统治者尝试用各种各样的法律制度来强化这种管理。的确，这些恶法在一定程度上起到了维护社会秩序、震慑"犯罪"的作用，但是，统治者丝毫没有意识到其严重后果是什么。他们根本没有长远眼光，只局限于目前的利益，不去关心整个国家的长久统治，恶法的实行逐渐在老百姓心中变为最可怕的愤怒。试想一下，若是他们能够及时反思、及时有效地对恶法加以废改，站在老百姓的立场上，制定出真正有益于国家和人民的法律，就会大有不同。施行良法的政权才能真正赢得民心，才能实现政权的稳固与社会

❶ 法制网．让法律成为公正的堡垒——电影《纽伦堡审判》带来的思考［DB/OL］．(2015－08－07)［2015－11－25］．http：//www.legaldaily.com.cn/gallery/content/2015－08/07/content_ 6209343.htm？node＝8169.

的长治久安。回顾历史，我们可以清楚地看到，即使某些人靠执行一系列恶法夺取江山，这种所谓的“得天下”也只是昙花一现，根本没有任何后劲，最终也只能得到“失天下”的结局。做人亦如此，一些大奸大恶之徒即便得道一时，最终也身败名裂，死无葬身之地，落得遗臭万年的结果，诸如梁冀、董卓、来俊臣、蔡京、严嵩、魏忠贤、和珅不就是反面典型吗?

纵观中国五千多年的历史，每一个封建王朝的灭亡，归根结底都是恶法惹的祸。统治者均存在着荒淫无度、奢侈成风的状况，他们没有把精力放在国家的建设之上，对于法律的制定和完善也是不闻不问，比如秦朝的车裂、夷三族，北宋的刺配、明清流行的凌迟，可谓法制史上的倒退，伤敌一千，自损八百。元朝的灭亡就是一个很好的例子，作为中国历史上第一个由少数民族建立的大一统帝国，贵族生活糜烂，吏治腐败，土地兼并严重，不平等的民族等级制度和赋税制度，加深了对人民的压迫和欺凌，“奉使来时，惊天动地，奉使去时，乌天黑地，官吏都欢天喜地，百姓都啼天哭地。”统治者根本不注重学习，只会用武力打江山，如此一来，想让元朝制定出符合人民百姓利益的法律也就成为一件难事了，于是乎，元朝仅存不到百年光景便不足为奇了。恶法的存在使得整个国家呈现一种病态的混乱，突破了劳苦大众的忍耐极限，便必然招致揭竿而起的起义反抗，伤害了别人，最终也埋葬了自己。在混乱之中，王朝不断走下坡路，最终跌入谷底永不翻身。

不以良法为行动指南的组织，其向前发展之路注定不会走的有多长、多远。一个企业的衰亡，难道是员工不守规矩造成的吗？当然不是。员工们势单力薄，根本无法左右企业的发展进程。许多管理者欠缺必要的“立法能力”和执行力。经营企业是一个“攻心”的过程，有句话叫“顾客才是公司的老板，顾客能解雇企业的每一个人”，如果生产不出适应市场需求的产品，抓不住客户的心，跟不上潮流，市场占有率就会一路下滑，走向衰落。有的商家不是积极从改善品质入手，为人们提供暖心周到的服务，而是总想着“来一个宰一个”“趁早捞一笔完事”，你以为顾客就那么傻，甘愿自掏腰包满足你的无止欲望？有的企业有钱任性，盲目扩张，喊出什么“全国第一”“亚洲第一”的口号，搞大规模的负债经营，实力不到位，自身硬件条件不允许，一味想“赶英超美”，只能以败局收场；有的企业缺乏长远战略规划，盲目跟风，看到别人获得利益，自己也蜂拥而上，在风起云涌的大潮中跃跃欲试，可忽视了这并非己所擅长，最后当然事与愿违，起得快，死得也快，更引发生产过剩的巨大危机，因为这些东西无法化为企业的优势力量，反而成为前进的包袱。经营管理不是赌博，企业的“作死”，大多是因为投资失败所导致。巨人集团不顾实际情况加大筹码加盖“国内第一高楼”，发生资金链断裂导致烂尾，史玉柱从中国首富变为“中国首负”；秦池酒业过于依赖大规模的广告效应，虽红极一时，最终成为支离破碎的泡沫。这些曾经家喻户晓的王牌企业从巅峰滑落便是我们需要牢记的教训。还有一些恶法不见得是多么严苛的制度，不合理的员工准则也会严重打击人的积极性，进而工作态度消极，没有主人翁意识。企业的发展除了健全的组织机构、创新的运营模式、独特的市场发展策略之外，人的主动性必须得到充分发挥。只有通过人性化的制度约束，才能使员工充分挥洒汗水与才智，而不用受到各种“恶法”的层层束缚。但许多单位丝毫意识不到这点。一些小恶法虽然不致产生多大的破坏力，但一定会影响员工的积极性，就可能导致一些优秀骨干的流失。缺少了员工的支持，各项工作无法开展，慢慢走向衰落。如此，员工体验不到幸福感，企业同样无法获得幸福感。在我看来，这就是为什么民企寿命普遍不长（据资料介绍平均寿命仅 3 年）的一个重要原因吧。

始作俑者，其无后乎？这里的“无后”不仅指我们日常所说的“延续香火”“传宗接代”，也指一个人、一个组织没有前途和未来。多行不义必自毙，制定和实施恶法的人，迟早会体验到“请君入瓮”般自作自受的下场，这是历史发展的必然。商鞅，战国时期政治家、改革家、思想家。他一直想通过变法的方式让秦国成为富裕强大的国家，因此，商鞅致力于改革秦国户籍、军功爵位、土地制度、行政区划、税收、度量衡以及民风民俗，并制定了严酷的法律：老百姓若违犯法律规定，比如在路边倒垃圾，就要被砍去双手；盗窃牛马者要被处以死刑。每每谈到如此严苛的法律，人们都会大惊失色，或许一次无心之举，自己的双手、生命就可能不在了。《史记·商君列传》记载："商鞅日常亲至渭水阅囚，一日诛杀七百余人，渭水为之尽赤。"其残忍由此可见一斑。商鞅所变的"法"，从另一个角度看，不过是奴役人民的工具罢了。变法得罪了不少阻挠新法实施的旧贵族，因此，秦孝公死后，曾被商鞅割去鼻子的公子虔告发他"欲反"，秦惠王下令逮捕商鞅，施以"车裂"之刑。一代名臣，竟落得如此下场。不仅如此，商鞅被车裂的时候，我们看到的结局是什么，是"秦人不怜"啊。商鞅出逃时，因为没有文书而无人敢收留，此时的他仰天长叹作法自毙。[1] 商鞅死了倒是小事，经过变法，秦国的"国"确实富了，"兵"也确实强了，但正如同今天某些运动员靠服食兴奋剂来创造的虚假奇迹一样，秦国却也由此开始走上了一条万劫不复的自我毁灭道路。自那时起，中国的法律思想和法律制度，便历久不息地染上了一种浓重的、从秦国时便遗传下来的血腥味。[2]

在我看来，恶法有"小"与"大"的程度之分。"大恶法"的覆盖范围广，能够触及一大部分人的利益，产生飓风般的破坏力；"小恶法"的覆盖范围较为狭窄，但我们丝毫不能懈怠，要时时刻刻保持警惕性，因为，有时候小恶法的危害性也并不小，它虽不致让一个组织消亡，但必然使其达不到应该达到的水准。就拿某些单位不合理的

---

❶ 参见《史记·商君列传》："商君亡至关下，欲舍客舍，客人不知其是商君也，曰：'商君之法，舍人无验者，坐之。'商君喟然叹曰：'嗟乎！为法之敝一至此哉！'"

❷ 余定宇．寻找法律的印迹——从独角神兽到六法全书［M］．北京：北京大学出版社，2010：69.

规定来说，它们只有“罚”的制度，而欠缺“奖”的制度。人们普遍认为：干得好是必须的，干不好才是应该受惩的。这种认识是一个严重的误区。任何一个成功的企业家，必然是“良法”与“铁腕”的结合体。身为老板，如果制定不出“良法”作为保障，就不可能达到“善治”，更不要埋怨员工了。许多老板对待员工的态度是：“你想在这干就干，不想干就趁早走人”，对自身的问题却从不反省。按《亮剑》中李云龙的话来讲，这只能是一支不犯“错”、少犯“错”的队伍，是一支严格执行上级命令的队伍，却无法成为一支有血性、嗷嗷叫的队伍。两军开战前，主帅经常会发布一道命令：“擒得敌将者，赏千金，封万户侯！”员工的工资、福利应当和其接待的客户数量及企业营业收入规模成正比，这样员工才能更好地把顾客当亲人一样对待。否则，员工就会抱着“客户越少越好”的消极态度，甚至是想方设法把客户打发走，以求赚得清闲时光。如果干多干少一个样，谁还想去干活呢？要知道这个世界还没有实现共产主义啊。售票员的工资应当和乘客数量成正比，因为李素丽只有一个，是难以复制的，我们不可能把每个乘务员都培养成李素丽。聪明的领导者总是会注重激励制度的完善，奖励有多种形式，可以是物质上的，也可以是精神上的。但有一点尤为重要：奖励必须要及时、要明显。这样才能真正让员工体验到幸福感，激发创业热情，提升企业效益。因此，无论是“小恶法”还是“大恶法”，我们都应该谨慎对待，防止其兴风作浪。

我一亲戚曾经开过烧烤店，雇过一个专做烧烤的服务员，有时客户来就餐，他想偷懒，总是甩甩手说："你去隔壁那家吧"。我亲戚对他很不满意。对此我批评了我亲戚："你以为人的思想境界都那么高尚吗？工资是死的，干与不干就完全没有区别。如果换了你，你敢保证你就不会成为第二个他吗？"出现滥竽充数的问题，主要原因在于齐宣王的制度漏洞，而非南郭先生的道德缺陷所致。毛主席就说："做一件两件好事、一天两天好事容易，但要一辈子做好事是非常困难的事"。因此，必须有相应的机制作保障。万达集团董事长王健林也说："人性本身就是有弱点的。所以我常讲，不靠忠诚度，要靠制度。忠诚度是靠不住的，今年有忠诚度，明年也许就没有。万达要尽可能在制度设计上做足文章、减少漏洞。"❶

有这样一个段子：

一流领导：自己不干，下属快乐地干。
二流领导：自己不干，下属拼命地干。
三流领导：自己不干，下属主动地干。
四流领导：自己干，下属跟着干。
五流领导：自己干，下属没事干。

---

❶ 王健林．万达哲学［M］．北京：中信出版社，2015：57.

末流领导：自己累得半死，下属对着干。

这里为什么一再强调一流老板的重要性，而并未强调一流员工？因为领导的作用远大于员工，领导是“立法者”，员工是“执行者”，兵熊熊一个，将熊熊一窝，一只狮子带领的一群绵羊能够打败一只绵羊带领的一群狮子。老子有这样一句名言：“太上，不知有之；其次，亲而誉之；其次，畏之；其次，侮之。”意为：最好的统治者，人民感觉不到他的存在；其次的统治者，人民亲近他、称赞他；再次的统治者，人民畏惧他；更次的统治者，人民轻蔑他，甚至推翻他。

同样也可以这样说：

一流法律，使得国泰民安，四海升平。
二流法律，使得心悦诚服，交口称赞。
三流法律，使得安分循理，井然有序。
四流法律，使得阳奉阴违，背地作祟。
五流法律，使得人神共愤，肆行不轨。
末流法律，使得饿殍遍地，揭竿而起。

对于中国历朝历代都没有跳出“其兴也勃焉，其亡也忽焉”的周期律问题，中国共产党一直在摸索中不断前进。1945 年，毛泽东邀请民主人士到他住的窑洞里做客，黄炎培与毛主席的“窑洞对”成为历史佳话，留下发人深省的文字。当时的中国共产党，正处于一个较困难的时期，面临着前所未有的抉择。黄炎培谈及自己的所见所闻："一人，一家，一团体，一地方，乃至一国，不少单位都没有能跳出'其兴也勃焉，其亡也忽焉'这周期律的支配力，大凡初时聚精会神，没有一事不用心，没有一人不卖力，也许那时艰难困苦，只有从万死中觅取一生。既而环境渐渐好转了，精神也就渐渐放下了。一部历史，'政怠宦成'的也有，'人亡政息'的也有，'求荣取辱'的也有。总之没有能跳出这周期律。"毛主席说："我们已经找到新路，我们能跳出这周期律。这条新路，就是民主。只有让人民来监督政府，政府才不敢松懈。只有人人起来负责，才不会人亡政息。"黄炎培无比赞同毛泽东说的话，"这话是对的，只有大政方针决之于公众，个人功业欲才不会发生；只有把地方的事，公之于地方的人，才能使地地得人，人人得事。用民主来打破这周期律，怕是有效的。"当然，民主不是纸上谈兵，必须要有法治作为根本保障。实施依宪治国、良法善治是多年来不断艰辛探索所做的深刻总结，是保证国家社会长期稳定不断发展、真正能够跳出历史周期律支配的唯一途径。邓小平推行的民主内容之一就是废除领导干部职务终身制，杜绝世袭的发生。我国宪法就对民主精神进行了发扬光大：通过选举来任免国家领导人；国家主席、国务院总理连续任职不得超过两届。这便以法治的手段实现新老政府的平稳交替，而不必陷于过去兵变政变、武装夺权的暴力之中。国家治理体系的现代化就是要通过法律充分保障人民所享有的选举权、知情权、参与权、表达权、监督权，最广泛地动员和组织人民依法通过各种形式管理国家和社会事务、管理经济和文化事业。[1] 民主若不受宪法的约束，就可能演变为多数人的暴政。早在19世纪，卓越的思想家托克维尔便意识到了这一点。它在《论美国的民主》一书中，便主张用法律武器来控制民主可能带来的暴政。

一直以来，中国共产党的宗旨便是全心全意为人民服务，这就要把党和人民的利益摆在高于一切的位置上，坚持从群众中来，到群众中去，不断从中汲取前进的不竭力量。如何才能做到真正地为人民服务？在我看来，良法善治便是前提，是重中之重，良法本身具有均衡性，它会尽全力覆盖多数人的利益，但也不忘记照顾少数人的利益，抓住主要矛盾，也注重解决次要矛盾，这种在利益、意愿等诸多方面的均衡，就是良法真正能够为人民服务的基础。

坚持恶法亦法，是一种色厉内荏、外强中干的懦弱心理，是慵懒、不思改变的所作所为，是极端不自信的表现。正是因为十分怀疑自己的能力，觉得自己不具备制定良法的水准，所以才拿“恶法亦法”来做挡箭牌

“有了梧桐树，才能引来金凤凰。”这是众所周知的俗

[1] 王利明．迈向法治——从法律体系到法治体系［M］．北京：中国人民大学出版社，2015：28.

语。如果只是个腐烂的残花败柳，招来的只能是苍蝇和臭虫。许多人觉得“恶法非法”会有使人们违抗法律的危险，但要知道，好的规则就是良辰美景，是人心向往的事物，自然大家都会怀着强烈的皈依感去认同、去遵守，故意抗法的人只是少数，因为违法的成本是高昂的，即使不会导致人身或金钱的损失，也会招致外界的负面评价。员工不守规章制度，会受批评、扣工资，甚至降职、解雇；学生不守校规，也会被罚站、写检讨。我上学时特害怕老师开启“请家长”模式，所以我是不敢轻易将班主任惹恼的。制定了恶法还强迫别人无条件服从，这与自己是一个丑陋不堪且一无是处的泼皮无赖，还强迫别人爱上自己不是十分相似吗？法律产生的原因和目的是什么？就是为了维护公平正义，让好人受益于法，让坏人受制于法，如果起到相反的效果，法律的意义又体现在何处？在我看来，恶法只是在表面上极其肤浅地符合了法的特征，是一个被阉割过的法，不具备法律应有的公平正义的本性，与其说它是法，倒不如说是个昏君所下的圣旨。难道我们一边指责历史上昏君奸臣的恶行罄竹难书，可一边又大言不惭地提倡“恶法亦法”？恶法，实质上是被包装过的恶行。倘若坚持恶法亦法，即使早已发现有不当之处，也很可能是置若罔闻、听之任之，不会及时去修改法律那不合时宜的部分。

人是什么？或许有不同的说法。马克思说，人是最名副其实的社会动物，在社会中才能独立。柏拉图曾告诉他的学生人是没有羽毛、两脚直立的动物。于是，他的学生就把一只鸡拔光了毛，说："看！这就是老师所谓的人。"可见，从不同的角度来看，人的定义就不尽相同。从法律上讲，只要不是尚未出生的胎儿和停止呼吸的尸体，都是人，作为人的期间，和享有民事权利能力的期间是一致的，只要生出娘胎之后，并且存活于世，他就是一个无可争议的人，不可能变成鸡鸭牛羊——当然这是仅从最表面而言。有人说，人类是地球出现的最高级动物与智慧的结晶，具有善恶一体两面。有些人会一直坚持善良与正直，从不会做危害社会、危害他人的事情。但是，另外一些人却完全配不上"人"这个称号，当一个人只剩下光秃秃的躯壳，灵魂被完全掏空，当一个人道德沦丧、坏事做尽，我们会往往会这样形容："他真不是人啊，真是个恶贯满盈的东西，简直一个地地道道的'son of bitch'。"这也就是"衣冠禽兽"的意思。虽然只是简单骂人的话，却无比生动与贴切。亚圣孟子有句名言："无恻隐之心，非人也；无羞恶之心，非人也；无辞让之心，非人也；无是非之心，非人也。"可见古人对同情心、责任感与是非观极为看重。

恶法非法，恶人非人。"有的人活着，他已经死了；有的人死了，他还活着。"即使我们不是为了多数人更好地活着而活着，也要善良、真诚地活着；即使没有太多能力去帮助他人，至少也不要冒天下之大不韪。因为，恶人完全不能和"人"这个名称相匹配。人和动物的区别是什么？在我看来，就是一种叫作人性的东西，人性中包含一个人思想中应该具有的包容、慈悲的特征，因此，恶人终究不能称其为人。这样的道理也适用于“恶法非法”。同样我们也可以说：“法无恻隐之心，非法也；法无羞恶之心，非法也；法无辞让之心，非法也；法无是非之心，亦非法也。”一部不把群众的利益放在首位、不把社会公平正义放在首位的法律根本不是法律，只能称之为“恶法”，恶法也终究不能称其为法。

三、法律需要理由

我曾听过某学校一个法学老师给学生开会的时候说：“我不想讨论恶法是否亦法的问题，但既然是学校制定的规则，我们就应当坚定地遵守。”对于一名老师来说，最基本的道德准则就是传道、授业、解惑，可是，他连这些都没有做到，还说不想讨论恶法是否为法。学生原本就对学校某些制度不满，老师说不出一个更为合理的解释，这就使得学生颇有微词，似乎在老师眼里，只要不解释就永远处于正确的立场上，如果真的费尽心思去解释，说不定，自己也只能无言以对。不仅如此，他作为理应维护社会正义的法律人，说出这样的话，没有一点点的公民权利意识，毫无原则地唯上和盲从，培养法律学子的奴性。这表面上是维护学校权威，可实际上呢？他还说：“工作以后，你们要做的就是执行各项规则，如果你们学生连学校要求的一点事情都做不到，以后的职业发展前景真是不让人看好。”这话当然没错，但他忽略了另外一方面：如果学校用“恶法”来压制学生，学校的发展前景就会让人看好吗？一定不会！这必然导致：学生对学校的感情大打折扣，失去了广泛的群众基础，还有，这种事一旦向外传播，必然会造成学校受到社会上广泛的负面评价，造成声誉风险，这恐怕是谁都不想看到的结果吧。也许是他的一切福利都是学校赋予的，为了自己的工资、奖金和职称，还是中庸一点的好。倘若学校强令学生凌晨三点就起床上自习，禁止随身携带手机，一个月才允许洗一次澡，还美其名曰这样看似残忍实则坚韧的措施可以磨炼学生的坚韧不屈的心性，使每一个人都成为不屈不挠的革命乐观主义者，对于这样的规则，要不要遵守呢？倘若对恶法是否为法采取避而不谈的方式，那么我只能怀疑恶法本身就是一种不合理的存在。

按照这位老师的说法，那么，孙皓们就可以名正言顺地宣布：“我不想讨论‘斜视’这类罪名是否合理，但只要是我下的命令，你们必须遵守”。对恶法是否为法避而不谈，实际上是避重就轻。不去探讨，不给出一个正当的理由，谁还去信服这些制度呢？这就相当于老师提问学生一个问题，学生含糊其辞、模棱两可，说明学生心虚，对于知识点根本没有掌握好。一套理论若想被他人信服，就必须拿出相对应的理由和证据来，如此才能得到普遍认同。比如北京实行车辆限行的交通措施，理由是为了避免造成拥堵，也减轻尾气污染，但出租车不在此限，这是因为它们有公共服务的属性，不单是为了自己，而是为更多的人提供方便。

任何事情的发生都是有理由的，有果必有因。很多人说：爱一个人没有理由。这让人感到实在是可笑至极，这种说法是违背哲学基本原理的，不过是热恋中小情侣的胡言乱语罢了。我问你，你为什么会爱上他而不是别人呢？要么他体贴细致入微让你感受到别样的温暖，要么他的家境殷实或者工作、学习成果让你觉得今后的日子里有所依赖，要么他使出某种手段让你深陷其中……如果初次见面未说一句话你便无可救药地爱上了他，那百分之百就是一见钟情，完全是靠令人“瞠目结舌”的眼缘和脸缘了。总之一句话，你认为他某方面具有为你所认可的优势，这就是理由。婚姻是人生最重要的一件大事，怎么可能没有理由就草率找一个人凑合着过了。古时臣子向皇帝劝谏时，都要凭借三寸不烂之舌，动情晓理，才能取得龙颜大悦、接受提议的良效，否则会惹得龙颜大怒，甚至招来杀身之祸。高中语文课本中的“邹忌讽齐王纳谏”“触龙说赵太后”“烛之武退秦师”正是古人劝谏成功的典范，通过充分的说理，才不会把局面搞僵，皆大欢喜。企业搞市场营销也是如此，必须要拿出心悦诚服的理由来，才能说服客户自掏腰包，认为你是一分钱一分货，虽然价格不低，但品质高尚，值了！否则，强制买卖、童叟皆欺的现象就会接连不止。当然，说理必须具有正当性，不能挑战大众最基本的智商和情感底线，不能找一些奇葩又无耻的借口，当年日本侵华，理由居然是帮助中国从欧美的控制中解脱出来，实现大东亚共荣，简直荒唐到极点，不能自圆其说，根本无法成立。

学好法律并不容易，甚至有些人觉得异常枯燥，著名作家卡夫卡就把学法律比作吃锯木屑。当然，热爱它的人更是不计其数，只要用心去挖掘，自然能够感受到其中的乐趣。学习法律的一个基本方法，就是搞清楚法律如此规定的理由，即立法者为什么会如此立法？法官为什么会如此判决？其背后究竟隐藏着什么东西？这些都是值得我们刻苦钻研的。法律解释及法律修改同样需要理由。如果搞不清楚，对法律的学习也只能是死记硬背，不仅掌握得不准确，也会累得要命，丝毫体验不到学习带来的幸福感。老师上课时，也应当阐明该条文的立法缘由是什么，这样才能真正地把每一门课讲透彻，更容易被理解接受。爱迪生凡事喜欢问个为什么，才造就了他这样一位伟大的科学家、发明家，同样，要想成为优秀的法学家，这样的素质也是必须具备的。

《中华人民共和国民事诉讼法（专家建议稿）立法理由与立法意义》一书中，对于我国《民事诉讼法》每一个法条的立法理由都做了详细说明，吸引了我的注意。现举例如下：

《民事诉讼法》规定了专属管辖因不动产纠纷提起的诉讼，由不动产所在地法院管辖。这是因为：

不动产标的便于该地法院进行调查、勘验，及时查明案件，也为了便于案件审理终结判决生效后得以顺利执行。但对专属管辖应做狭义理解，即对不动产的权属关系及分割等发生的争议才适用专属管辖，对于房屋租赁合同、装修合同的纠纷不必专属管辖，否则范围过于广泛。[1]

《民事诉讼法》规定，小额诉讼程序实行一审终审。绝大多数判决和裁定都是可以提起上诉的。而小额诉讼程序不行，这是因为：

在权衡追求实体真实与追求诉讼效率和程序公正孰先孰后的问题上，小额诉讼程序通常坚持诉讼效益与程序公正优先主义。首先，民事诉讼对按普通程序审理的案件上诉并没有实质上的限制，只要上诉便应当受理，而如果小额诉讼程序允许上诉，民事纠纷经过的审级就会增多，诉讼拖延的时间就越长，不符合小额诉讼快速解决民事纠纷的设计初衷。其次，通过上诉的方式来补

[1] 杨荣馨. 中华人民共和国民事诉讼法（专家建议稿）立法理由与立法意义［M］. 北京：清华大学出版社，2012：32.

救不正确的判决必然增大诉讼成本，消耗更多的司法资源，这就违背小额诉讼程序的成本和费用相当性原理，不符合小额诉讼节约司法成本的设计初衷。最后，若允许上诉，小额诉讼程序就失去了与众不同之处，在功能设计上与普通程序发生重合。❶

“禁止令”是《刑法》的概念。是禁止行为人在一定时期内进入特定的场所，接触特定的人，从事特定的活动。比如一个人因长期聚赌，后为还赌债去盗窃，因情节较轻，判处了管制或缓刑，同时下达禁止令：在管制执行期或缓刑考验期内，禁止他进入赌场、禁止接触那些“狐朋狗友”，禁止参与任何形式的赌博活动，以此矫正。《刑法》规定管制和缓刑可以适用禁止令，而假释不适用。如果你只是死记硬背：只有管制和缓刑可以适用禁止令，只有管制和缓刑可以适用禁止令，只有管制和缓刑可以适用禁止令……不觉昏天黑地、两眼冒光吗？难道你不应该搞清楚为何管制和缓刑可以适用禁止令但假释不适用吗？

其实稍加分析，就可以看出：管制、缓刑和假释都是刑罚的执行制度，它们之间确有较大的相似之处，均是有条件地不将犯人关押在监狱中。但有个最重要的区别，就是施行假释的罪犯，已经在牢中关押过较长的时间，接受

❶ 杨荣馨．中华人民共和国民事诉讼法（专家建议稿）立法理由与立法意义［M］．北京：清华大学出版社，2012：176－177.

了改造，司法机关认为其真心悔过，再犯的可能性几乎消失，因此才附条件将其放出。而被判管制和缓刑的被告，自从判决生效之日起，便放出来了，未在狱中关押，未接受过改造，因此再犯的可能性相对较高，如有必要就应当适用禁止令。

因此，假释与禁止令是两个不能并用的概念，否则是自相矛盾的，既然进行了假释，就不能再适用禁止令。如果法院认为应当适用禁止令，说明犯人并未改造的很好，还有再犯危险，根本不能假释。

《刑法》第263条规定，持枪抢劫是抢劫罪的加重情节，应当判处十年以上有期徒刑、无期徒刑甚至死刑。但持假枪抢劫算不算这里的持枪抢劫呢?

要回答这个问题，就应当仔细思考一下，为什么我国要规定持枪抢劫是抢劫罪的加重情节？其背后体现的法理依据何在？我想理由有以下两个方面：

第一，枪支的危害性极大，不是刀斧棍棒这种随处可得的器械就能相提并论的，如果控制不当会造成严重的人员伤亡，必须予以严厉打击。

第二，持有枪支还侵犯了另一个客体——国家对枪支的管理制度。现今我国禁止任何单位、组织和个人非法持有枪支，否则会构成非法持有枪支罪（《刑法》第128条）或非法携带枪支弹药危及公共安全罪（《刑法》第130条）。行为人在获取枪支的过程中，必然费尽心思，通过各种不正当渠道以达目的，而这本身正是违法行为。

从以上的分析中，我们可以得出结论：持假枪抢劫不属于持枪抢劫，理由有以下三个方面：

第一，假枪没有社会危害性。诚然，假枪有时确能起到真枪的作用，产生强大的威慑力，令受害者陷入极度恐惧之中，但并无潜在的杀伤力，不会造成人员伤亡。况且，假枪一定比真刀危害低得多，举重以明轻，就连持刀抢劫都不是加重情节，更遑论假枪。

第二，持有假枪没有侵犯国家对枪支的管理制度。假枪随处可见，随处都能买到。

第三，《刑法》虽然没有特别规定假枪是否属于“枪”，但按照社会一般观念来理解，这里的“枪”，只能解释为真枪。如果把假枪都解释为枪的话，就是超出了国民可预测的范围，是在刑法文义的射程外进行解释，是类推解释，与罪刑法定原则完全相悖。如果假枪是枪，那么假钱也是钱了，冥币就可以堂而皇之地进入市场流通了；机器人也属于人了，“杀死”一个机器人，就能定性为故意杀人罪了，这显然是极其荒唐的。

综上所述，持假枪抢劫不属于持枪抢劫。

当然，对于纯数字的条文不必纠结，因为这没办法说清为什么。难道你还要问：普通诉讼时效为什么是 2 年而不是 3 年或 4 年？为什么 18 岁算成年人而不是 17 岁或 19 岁？为什么男 22 岁能结婚而不是 20 岁或 23 岁？为什么二审上诉期限是 10 日而非 20 日或 25 日？为什么派出所可以决定 500 元以下的行政罚款而不是 600 元或 700 元？立法者要做的就是在合理区间内选择一个最佳答案就可以了，如果数字不合时宜，自然会进行调整。但是，如果是两组在适用范围上相类似的数字，可以探求之所以不同的原因。例如，许多国家的公民在十五六岁就能结婚，我们可以在历史传统、人文环境、政治制度等诸多方面来综合分析我国为何与之不同，这是非常值得研究的问题。

有这样一个经典的外国法律案例：

某国有个市政委员会颁布了城市管理规定：在市区的公园内，不得通过和放置任何机动车辆。可有一天，几个军人驾驶一辆“二战”时期他们使用过的军用吉普车进入了市中心公园内。公园管理人员说不行，而军人们说，此车绝非一般车辆可比拟，它象征着国家军队在战争中的艰辛与光荣，将车摆在公园里，是为了让人们在享受幸福欢乐的时候不忘和平来之不易。就这样，吉普车就被搁置在公园的草坪上。把车放在公园以作纪念，人们也没觉得有何不妥。可是市政委员会有令在先，也不能违规行事啊，这该怎么办呢？

于是，公园找到军人团体代表商议，劝其将车拉走，但军人毫不退让。公园管理人员无奈，只得找到法院。公园一方说，法律条文清清楚楚，没办法，被告只能将车拉走；但被告说，这车放在公园不是随意的，它是为了让人们永远记住战争与军人。法院明确了这个问题：既然规定了机动车禁止入内，而吉普车确属机动车无疑，因此，若按照字面意思理解，吉普车必然是禁入公园的。

然而，法院并没有局限于规章字面的含义，而又在想另一个问题：为什么市政委员会禁止车辆进入公园？即为什么机动车辆不能停放在公园里？想来想去，答案应当是这样：如果车辆任意进出，既影响安全，又会产生噪声和尾气，还会给游人逛公园带来不便。吉普车停在公园，根本不会对安全环境造成损害，目的是为了让人们记住军人的不易，热爱和平，更为公园添加了一份好风景，这何乐而不为呢？因此，法院最终认定可以停放。

任何一个法律都有自己的目的。如果立法者在立法时不知道为了什么，那我们会说他是非理性的。同样，如果司法者在司法时不知法律条文的目的是什么，我们也会说他是非理性的。因此，法律不仅是条文，它还包括目的；司法时不仅要看条文，而且要想目的。严格依法办事不应该处处唯条文是举，将目的视为法律的一部分，法治才会更加理性。[1] 法律解释是弥补法律漏洞的一个重要手段，而目的解释是法律解释的重要方法之一。这种目的解释，既可以指之前制定法律时的目的，也可以是当前进行法律适用时的目的。适用法律有时也应当灵活一些，不要过于

---

[1] 刘星．西窗法雨［M］．北京：法律出版社，2014：94.

僵硬死板，否则表面上看起来是依法办事，但实际上并不合理，是违背法治精神的。

法律需要理由，立法者需要“自证清白”，拿出令人信服的理由来证明其所立之法合情合理，即符合良法标准。如果立法者说不出合理理由，便可推定其法律不合理。对于各类单位，诸如企业、校园也是如此，也应当证明自己的规章制度是合情合理的，否则应当视其为不合理。这与《侵权责任法》中的“举证责任倒置”原则类似，这样的道理也适用于司法。习近平指出：“如果司法这道防线缺乏公信力，社会公正就会受到普遍质疑，社会和谐稳定就难以保障。”培根说：“一次犯罪是污染了水流，但一次不合理的判决把水源也污染了。”十八届四中全会提出，要加强法律文书释法说理，建立生效法律文书统一上网和公开查询制度，必须把裁判程序、事实认定、判决理由等说清楚，这才能让当事人心服口服。如果判决书不讲道理，就意味着司法不讲道理，老百姓就没有可以说理的地方了。一份充分说理的判决，本身就表明法官在裁判过程中是公正的、不偏不倚的，这可以有效地减少社会对法官的质疑，能够有效地规范自由裁量，防止司法专横、恣意裁判。这是对法官提出的基本要求。[1]

[1] 王利明．法治：良法与善治［M］．北京：北京大学出版社，2015：245－246.

四、恶法与良法的区分

谈了这么多，但恶法与良法的区分标准是什么，一定是许多人特别关心的事情。若抛开程序不谈，在实体方面至少我认为有以下两个标准可以套用：

第一，该“法”是否普遍存在于社会当中或是它是否已有成功的经验。法律的制定往往是基于社会现实，并能够反映社会现状，“存在即为合理”，法不责众，天下人都这么做，那么它的合理性应该就很大了。例如，某单位要求员工每天加班到后半夜，可如果中国大部分企业都是这样，那么忙碌至晚12点的规定也就没啥好说的了，因为这可视为社会的正常现象，那些加班族也就没有怨言了。但是，这只是很少一部分企业的所作所为，因此，这种加班的规定就可称为是“恶法”。某个学校规定学生外出住宿应当向班主任甚至学院领导进行书面请假，这引起了所有学生的不满，20多岁的年纪，有自己的是非观念，也有自我保护的能力，用得着如此折腾吗？而且北大、清华、人大等多所名校都没有类似制度，这在全国高校中也是少见的。但如果学校规定有事无法去上课需要向任课老师请假，这个是合理的，大多数学校都是这样做的，否则，课堂纪律还不乱了套了。

一个时代之所以累累硕果，正是因为有了伟大的思想。我们不能太过于强调“立足国情”，否则这可能走入排斥外来先进文化的对立面，曾经的闭关锁国给我们带来了深重的灾难。我们必须以兼容并蓄的大国姿态，在传承自身优秀传统文化的同时，积极吸收借鉴人类一切优秀文明成果，为我们的经济和文化建设服务。任何一个组织及单位都不能“关起门来制定规则”，必须要多多向成功者学习借鉴，任何一个企业的兴旺不是凭空的，必然有其“良法”作为保障。比如海底捞的服务，就是值得所有餐厅及酒店学习的典范。俗话说：“听人劝，吃饱饭。”好多人的思想落后守旧，跟不上潮流，还总强调“别人的东西不适合自己”。不去仔细思考，不勇于尝试，你为什么凭空断定别人的经验就不适合自己呢？如果孩子成绩提不上去，还总有逆反心理，就要想想自己是不是“教子无方”，此时应当向成功家庭学习“育儿经”；对于学生而言，如果自己成绩不如别人，就应该向学霸讨教一下他们的学习策略。人比人气死人，如果不和别人比较，怎么认识到差距，怎么寻求进步。不知道学习别人的“良法”，顽固坚持自己的老一套，既是一种慵懒，也是一种专制，和别人的差距只会越拉越大，离善治的良好结局只能是渐行渐远。当然，这些也不能完全照搬照抄，都应当与自身实际相结合，量身定做。

2008年12月18日，胡锦涛同志在纪念改革开放30周年的报告中说：“只要我们不动摇、不懈怠、不折腾，坚定不移地推进改革开放，坚定不移地走中国特色社会主义道路，就一定能够胜利实现这一宏伟蓝图和奋斗目标。”“不折腾”一词成为关注的焦点。

生命在于永不停息地折腾，不折腾，拿什么回忆青春。你不去旅行，不去冒险，不去谈一场恋爱，不潇洒地过一把从来没试过的生活，成天就知道挂着 QQ，刷着微博，聊着微信，逛着淘宝，干着 80 岁老人都能做的事情，那么你要青春有什么用？但此折腾不同于彼折腾，良折腾不同于乱折腾，要具体问题具体分析。都说劳动最光荣，但好刀要用在刀刃上，农民不违农时，辛勤耕种，最终喜得丰收是一种好折腾，但违背自然规律，拔苗助长是一种穷折腾、乱折腾；白龙马历尽九九八十一难修成正果是一种良折腾，毛驴日复一日负重拉磨是另一种死折腾。

如果有人要问，实体法和程序法[1]哪个更重要？这就好比问左眼和右眼哪个更重要一样。所以，答案是：同等重要。我们现在常讲要改变过去“重实体，轻程序”的状况。曾经发生的冤假错案，正是因为程序方面存在严重的

[1] 根据规定内容的不同，可以说法律分为实体法和程序法两大类。实体法是规定权利和义务的法律，包括刑事、民事商事、行政、经济法律等多个门类；程序法是保证权利义务得以实现和履行的法律，包括各类诉讼法。实体法是前提，程序法是途径。

漏洞，才导致好人被冤枉、真正罪犯却逍遥法外的恶果。要想实现司法公正，就必须受到严格程序的“折腾”：回避制度、证据制度、辩护制度、合议制度、上诉制度，都是环环相扣、紧紧相连，共同构成完备的司法体系，这些是古代司法制度完全不可能具备的，任何一环出了问题，都会对司法公正产生致命冲击。当然这种司法程序必须是合理正当的、能够经受住实践检验的，不能瞎折腾：新的《刑事诉讼法》和《民事诉讼法》都有规定：发回重审仅能进行一次，若再次上诉，二审法院不得以任何理由再度发回，必须给一个明确合理的说法，不能推卸责任。若反复发回下级法院重审，拖时越久，既不利于当事人权利的保护，也会对司法公信力造成巨大损伤，所以现在的司法要杜绝这种折腾。

所以说，折腾也要有折腾的正当理由。日常生活中还有不少无关紧要、可有可无的繁文缛节，应当予以摒弃。曾广泛热议的“你妈是你妈”，其实有些事情是必须要证明“你妈是你妈”，比如无民事行为能力和限制民事行为能力的小孩要办理银行卡，必须由其直系亲属（直系亲属包括父母、配偶、子女，小孩不可能有配偶和子女，所以这里只能是父母）代为操作，此时其监护人必须出具户口本和出生证明，以证明“你妈是你妈”。冒用他人证件开户是一种违法的行为，因此只有直系亲属才能担负起代办开户这个任务。至于出国紧急联系人，难道一定要是直系亲属吗？就不能是同事、同学、邻居吗？[1]“你妈是你妈”的证明本身没有错，只是必须要严格限定其适用条件，否则这种穷折腾、乱折腾、死折腾是一种假大空，只图面子好看，根本没有什么实际意义。乱折腾人的规则绝不是一部良法，它伤害感情，拉低效率，潜在的危害极大。因此，我国政府一再强调简政放权，削减行政审批事项，减少不必要的阻碍，不断为人民创造良好的创业与生活环境。

第二，是否体现公平正义的价值取向、能否赢得多数人的支持和是否符合多数人的基本利益。法律就是公平正义，法律人的任务就是为公平正义而呐喊。邓小平就有着很强的群众观念，其民主法治理论的出发点和归宿，无处不是为了人民的利益，无处不坚持群众路线；他在民主法治方面提出的种种设想，无不反映了人民群众的愿望和根本要求。[2]法具有伦理性和工具性的双重价值。在我看来，法的伦理价值首先指的是公平与正义，意味着法在调节与分配各种利益和处理各种纠纷时，必须体现公平、正义的原则。有些东西虽然广泛存在于社会当中，但并不见得就是合情合理的，或许在当时合情合理，但随着时代的前进，也会逐渐归为不合理之类。妇女缠足曾经广泛存在于

[1] 一个公民要出国旅游，需要填写“紧急联系人”，他写了他母亲的名字，结果有关部门要求他提供材料，证明“你妈是你妈”。

[2] 张万洪．法治、政治文明与社会发展［M］．北京：北京大学出版社，2013：61.

中国社会，它是中国古代乃至近代的一种习俗。到了明代，缠足愈演愈盛，此时，“三寸金莲”的说法体现了当时的审美观。清代的缠足之风更是广泛蔓延，不论富贵人家还是贫下中农，都纷纷缠足。“大家都缠足，咱家也可以缠”，但显然像缠足这样的“恶法”不符合多数人的利益，它不仅严重影响了女性足部的正常发育，还让社会的审美心理严重扭曲，残害妇女身心，对整个社会而言，它是妇女被压制的象征，造成了男女之间的不平等。规矩是人定的，人不能让规矩死死地束缚住，没有祖宗之法不可变的说法。因此，让法律符合多数人的利益，合乎公平正义，反映民情民意，顺应时代潮流，才是更重要的。企业也不应局限于多数同行的所作所为——即使大家都这样，我就一定也要这样吗？难道就不能独树一帜？难道就不能突破现有的局限？古希腊哲人伊壁鸠鲁说：“法律同国家一样，也是人们相互约定的产物。法律就是宣布正义。正义对所有人都是一样的，因为它是人们相互交往中的一种有益的东西。”如果法律不能倾听百姓的呼声，不能表达群众的诉求，无法惩治该惩治的罪恶，就不能称之为一个纯粹的良法。一部好的法律应该是以维护社会公平正义为出发点的，正义是法律的基础，为了人民群众的利益，再深的水我们也要趟，多么难啃的硬骨头我们也要拿下，这才是真正的良法善治。

中国共产党把人民拥护不拥护、人民赞成不赞成、人民高兴不高兴、人民答应不答应作为制定各项方针政策的出发点和归宿，作为判断各项工作成败得失的最高标准，坚持问政于民、问计于民，力争为人民创造出更好的生活环境与社会环境。有些人觉得北京最新生效的史上最严禁烟令是个恶法，侵犯了神圣的人权，连吸烟的个人权利都没有。但是，换一个角度说，二手烟给健康带来的危害是无法忽视与回避的，不仅仅对于吸烟者自身，同时，生活和工作在吸烟者周围的人们，也会不自觉地吸进烟雾尘粒和各种有毒物质，中国“吸烟与健康”报告指出，自20世纪50年代以来，全球范围内已有大量流行病学研究证实，吸烟是导致肺癌的首要危险因素。基于此，北京制定史上最严禁烟令是正确的选择，它符合绝大多数人的利益，甚至许多烟民也表示支持和理解。自从它施行以来，得到了市民们的一致称赞，许多人觉得室内环境变优雅了，工作氛围更和谐了，身心更舒适了，因此，它是一个良法。法律和生活是紧紧相连的，是生活的反映，法律不能与一般的常识相违背。立法者在进行立法活动时，必须充分考虑到社会的一般观念，必须反复推敲它会不会得到大部分人的支持，必须考虑它会不会引起社会的强烈反对之声。实质上，法律就是规范化、权威化了的情理。比如借车是人之常情，在人们一般观念中，如果驾驶他人的机动车发生了事故，车主是没有责任的，因为车辆在借用方手中控制，只要车主没有过错，责任就应当由借用人承担。我国《侵权责任法》因此也规定：“因租赁、借用等情形机动车所有人与使用人不是同一人时，发生交通事故后属于该机动车一方责任的，由保险公司在机动车强制保险责任限额范围内予以赔偿。不足部分，由机动车使用人承担赔偿责任；机动车所有人对损害的发生有过错的，承担相应的赔偿责任。”机动车主有过错的情形包括：车辆有缺陷仍然借车的；明知对方无驾驶资格、存在饮酒或疾病等有碍驾驶的情形却仍然借车的。再比如，国际社会的一般观念是：国家间应当避免武力争斗，加强互利合作，促进国际贸易往来。正因为此，才会有了国际公法、国际经济法的不断完善和发展。

这两个标准，简便易行，适用广泛。比如家庭的一般观念是男主外女主内，男人在外挣钱糊口，女人在家洗碗扫地照顾小孩。但是，男人应不应当也帮助妻子分担一些家务活呢？我们可以这样分析：第一，是不是大多数家庭中男人都不帮助妻子收拾家务？或许不是吧。第二，为妻子适当分担家务活，符不符合公平正义与现代家庭伦理呢？答案应当是肯定的。我想，家庭是共同的责任，谁都是不可或缺的一分子，二人都是掌舵者，谁也不是置身事外的旁观者。一次我和一位开咖啡厅的朋友谈及如何避免客户长久占据座位以致新到顾客无空间可用的问题。他说能否不在室内设无线网？这立刻被我否决了。我说，其他小店里，店老板都不安装无线网吗？当然不是。绝大多数老板都会设置无线网供顾客享用。如果不设无线网，顾客会怎么想？许多人刚一进店问服务员的第一句话就是：有Wi-Fi吗？密码多少？如果得到“抱歉，没有”的回答，没准就立马甩手撤离从此再不光顾了吧。因此，这绝对不是一个良法。最后，我们达成一致：不在室内设卫生间。首先，好多店铺里都无卫生间，这是普遍现象；其次，不设卫生间，并不会让顾客感到厌烦，能得到他们的理解；顾客出店如厕完毕之后，还好意思再回来吗？这恰好起到了分流人群的作用。

当然，我们也必须看到，世事千差万别，这两种判断标准当然并不能完全涵盖所有情形，还需进一步加以明确。我们要有理论联系实际、具体问题具体分析的态度，客观公正地看待和解决生活中的每一件事。正如有人所说："正义的标准千差万别，你说你对，我说我对，你说此法好，我说此法坏，到底谁才有理呢？"但是，如果一个社会连最基本的正义观、荣辱观、是非观都没有，还怎么运行得下去？难道那么多心灵的鸡汤和思想道德教育都是在忽悠吗？世上只存在一个人是否为了私欲可能黑了良心、昧了良心，但绝无可能存在一个正常人不知道什么是良心的问题。现代法治应当是常识、常理、良心之治，实质上意味着现代法治归根结底应当是"人性之治""人心之治""良心之治"。如果一定要问作为现代法治基础的常识、常理、常情到哪里去找，那答案就是：请到你们自己的本性中去找，请到你们心灵深处去找，请到你们自己的良心中去找。[1] 公道自在人心，我觉得，很多时候，判断某个法律是好是坏，就像判断乱扔垃圾是对是错、乱闯红灯是对是错、借钱不还是对是错一样简单至极。若某国婚姻法规定40岁才允许结婚、配偶死后另一方不得续弦或改嫁、离婚后财产充公，那立法者一定是疯了。

五、科学立法，严格执法，公正司法，全民守法

在这里，我们应当反思。要想建设一个法治国家，应当具备怎样的条件？难道仅仅做到有法必依、严格执法就够了？当然不是。1978年，十一届三中全会郑重提出健全社会主义法治的伟大任务，提出“有法可依，有法必依，执法必严，违法必究”的方针。这个方针的提出有着极为特殊的历史背景，因为当时的中国在经历过十年“无法无天”的浩劫之后，都非常渴望民主法治。随着我国社会的发展与进步，我们越来越感觉到仅仅这十六字是远远不够的，因此，十八届四中全会提出的“科学立法，严格执法，公正司法，全民守法”这新十六字方针，可谓一个重大突破，我国社会主义法治建设进入了一个新阶段。根据这个方针，必须要坚持立法的科学性、民主性，扩大公众参与，广泛听取群众意见。科学立法与公正司法，正是对

[1] 陈忠林．恶法非法——对传统法学的反思［J］．社会科学家，2009：11.

法治社会提出的要求。既然要做到严格执法与全民守法，就要有执法和守法的理由，只有良法，才能更好地贯彻执行，只有良法，才能心安理得使人服从。现在，没有哪一个法学家还会公然宣称："无论法律是好是坏，人们都必须遵守"，法学家作为法治建设的领军人物，要做的不是刻板、消极地宣传法律，而是要为社会公平正义而呐喊，这是法学家的任务和业界良心所在。

道德与法律是社会规范最主要的两种存在形式，是既有区别又有联系的两个范畴。在某些特定的情形下，对于一些危害社会的行为，法律可能会束手无策，但是可以运用道德的力量对其谴责与批判，进而影响其以后的行为方式。道德是法律的基础，道德先于法律产生，每个人都要讲道德，共建一个人人讲礼貌、团结互助的和谐社会。除此之外，道德是法律的评价标准和推动力量，更是法律的有益补充。二者最显著的区别是法律具有国家强制力。因此，鉴于二者的区别与联系，我国提出依法治国和以德治国相结合的发展策略，从而使法律和道德共同发挥作用，不断开拓中国特色社会主义事业更加广阔的发展前景。法律与道德应当是相互融合而不是分离的，这就要求我们，在制定法律的过程中，要把法律与道德紧紧结合起来，让法律体现出应有的正义性、道德性，因为自始至终道德控制都是法治的内在动力。有些道德容易被违反以至于对社会造成灾难，就应予以写入法律当中，杀人抢劫、污染环境、制假售假明显属于不道德的行为，我国法律对这些做出了明确的规制。显而易见，“恶法亦法”与以德治国的大政方针是完全格格不入的。

“科学立法，严格执法，公正司法，全民守法”这新十六字方针对于企业，对于各种社会团体、组织也具有强大的指导意义。每一个单位也应当是良法善治的践行者和推动者，这不仅为了从事活动的每一个成员、每一位客户，更是为了单位自己。

公司制定的章程和由经理拟定的基本管理制度就是公司自己的“法”。公司章程是股东共同一致的意思表示，是公司的“宪法”，是公司成立的最主要的条件，也是最重要的文件。企业从法律而生，企业如果不懂法律，就像想养生不懂人体、养鸡不懂畜禽、种菜不懂天时一样。企业必须“立法”，但不能随意“立法”。企业随意立法的结果，如果与成文法相悖，会导致无效；立法若不合情理，即使不会有无效的直接法律后果，也会导致劳动者的各种抵制，甚至弃暗投明，企业就不可能占有最好的人力资源，当然会丧失竞争力。[1] 跳槽现象在我们身边频繁发生，我们当然可以指责跳槽者眼高手低，这山望着那山高，遇到一点挫折就心灰意冷企图逃避，干什么都干不长久。但要知道一个巴掌拍不响，单位是不是也要在自己身上找找原因呢？难道不应该仔细反思自己为什么留不住员工的心

[1] 钱卫清．你活得好吗——法律养生让生命无忧［M］．北京：北京大学出版社，2013：148－149.

吗？如果做得好一点，制度完善一点，少一些假大空，良法善治再多一点，是不是可以避免人才的流失？一个优秀老员工的离职，带来的后果不可估量，因为至少短期内难有人取代他的位置，培养教育成本付之东流，长此以往，只能陷入“招聘—离职—再招聘”的恶性循环，即使有新人填补缺口，但磨合期必然是路漫漫其修远兮。一个突然跟你翻脸的人，不知道曾经忍了你多少回，有时，一个不经意的小恶法，就会成为压死骆驼的最后一根稻草，届时只能是后悔与嗟叹。

人才是任何一个组织兴衰成败的关键。拥有了得力的人才就拥有了最好的资源，就能在激烈的竞争中占据制高点。因此，完善人力资源“良法”是最为重要的工作。

有的律师事务所对名校的法学硕士并不感冒，反而对普通本科院校的毕业生青睐有加。因为他们对自身情况有一个清醒的认识，知道“小庙难容大佛”，名校学子是“危险品”，难以驾驭，不如实际一点，把眼光放低些反而更加稳妥。

而有些“财大气粗”的单位恰恰相反，一些大专毕业生（甚至中学生即可上手）就能完成的工作，偏偏却招许多名校大学毕业生。美其名曰“高标准严要求”，但实际上是摆花架子充门面，满足自己的虚荣心，表面光鲜无比，实则是暗涌深藏。爱慕虚名的人必然是徒有虚名。陆游便说“虚名自古能为累”，元好问尤其厌恶虚名：“自古虚名只误人”。因此，凡事应当注重实效，而不要追求那些华而不实的东西。有句话叫“用对人比用牛人更重要”。名校学子可谓是“牛人”，但未必是“对人”。如果无法为“牛人”提供更为适合的发展空间，那么，还是老老实实地招聘“对人”才更为靠谱。否则的话，你就不要对辞职浪潮一波接一波地汹涌而来表示大惑不解了。有这样一句告诫员工的话：“这个世界上没有任何一个平台叫‘钱多、事少、离家近’，如果你厌倦你现在的工作，跳槽不是最根本的解决办法，不会游泳的人换个游泳池也没用，根本的办法是改变自己的态度。”可同样地，我也要送一句话给广大用人单位：“如果员工总是接连离职，再花血本招聘新人填补漏洞也不是根本的办法。而要做的是深刻反省，改进人力资源管理模式，勇于创新变革，才能用更好的良法取得善治的良效，才能扭转不利局面。”工作和婚姻极为相似，婚姻讲求“门当户对”，如果两个人的学历学识、家庭背景、个人经历相差甚远，恐怕也难以真正走到一起（当然也不排除有相反的状况）。用人也同样讲求“门当户对”。

立法是前提，严格执法和全民守法便是保障和基础。员工若视单位规章制度为儿戏，互相勾心斗角，推诿扯皮，想几点上班就几点上，想何时离岗就何时离，想做什么就做什么，经常是嗑瓜子看报纸玩手机，这样的单位注定是一盘散沙，得不到任何成绩。要做好人，但不能做烂好人，“好人”未必能成为一个成绩优异的好领导，要想维持单位的正常运转，就应当有强大的执行力与严肃的问责机制作为保障。从事高危行业的员工，如果违规操作，就很可能会造成安全事故，导致重大人身财产的损失，无论事后如何补救都无济于事。对于业绩突出，有较大贡献的员工，要大张旗鼓地给予表彰和奖励；对于犯错误的员工，轻则批评教育，责令改正，重则视情节给予处罚，甚至有必要将一些害群之马清理出门户，这就是“功必赏，过必罚，误必惩，绩必奖”。这样才能整风肃纪，正本清源，权威才能不被动摇。孙子兵法有云：“视卒如婴儿，故可与之赴深溪；视卒如爱子，故可与之俱死。厚而不能使，爱而不能令，乱而不能治，譬如骄子，不可用也。”

司法不像行政执法，它具有被动性，就是用以处理各种纠纷的，一般奉行“不告不理”原则。单位要做到“公正司法”，就是对于发生的一些纠纷，应当用一种更公正、更科学的方式予以解决，这便应当给予员工为自己辩护、申诉的权利。有时候，员工为自己辩护时，上级有的时候会大喝一声：“你难道还想狡辩吗，都这个份儿上了难道你还死不认错吗，你要再这样就给你罪加一等。”员工纵有千言万语，纵有一肚子委屈，也会吓得噤若寒蝉，心生怨恨。这样，对于单位的团结协作是极为不利的。要知道法院刑庭进行庭审时绝无可能堵住被告的嘴，特殊情况还应当通知法律援助机构为其聘请律师。犯罪嫌疑人行使法定的辩护权，很多时候并非其死不认罪，而是要充分摆事实讲道理，寻找对自己有利的情节，并促使公检法正确理性行使权力。他或许也有难言之隐，有从轻、减轻甚至免除处罚的情节。单位在对待自己员工时更应该怀着一颗仁慈的心，有时员工是过失、胁从犯，或是不得已而为之。我们要把正常的辩护和狡辩区别开来。法院对已然成为犯罪分子的被告尚且都能如此，更何况单位对于自己最亲的员工呢？难道在单位的眼里，员工连个犯人都不如？其实好好地谈妥了，事情根本不会像预想的那样糟。《圣经》中明确要求法官既要听取隆重者又要听取卑微者，法院要做到公正司法，就是要居中裁判，让控辩双方“平等武装”是程序正义的基本保障之一，原告和被告都有可能是弱势群体，一旦不能平等相待，连其说话和发声的机会都被强制剥夺，其内心就会生出强烈的不公正感，这样司法公正的实现就是一句空话。[1] 单位同样要做到“公正司法”，就应当倾听别人的声音，要摆事实讲道理，拿出充

---

[1] 陈瑞华．看得见的正义［M］．北京：北京大学出版社，2013：76－85.

足的证据和理由来，才能真正让人信服。

“恶法非法”与法的实施

法律的修改，指的是权力机关依据法定的程序，通过对法律文本的增加、插入、删除、替换等方法，达到完善法律规定目的的一种立法行为和制度。从它的定义中，我们可以看出法律修改的目的是为了尽善尽美。许多人说：我们可以在坚持“恶法亦法”的前提下，对法律进行修改以求不断完善，最高法、最高检可以出台司法解释，法官在进行法律适用时可以通过引用法律原则，来弥补法律规则的漏洞，以求使判决达到一个合情合理的结果。

这样的说法看似很有道理，可我认为是自扇耳光。现实情况不是如此。

因为，坚持恶法非法的目的除了保证社会公平正义以外，最关键的一点就是它能够让法律的完善提上日程。立法者也不易预察到今后会发生什么状况，这个世界每天都处于变化之中，今天产生的事物，明天就可能过时，也许今天制定的法律，明天已经不适用了，因此我们设立了法律修改制度，法律也必须时刻保持与时俱进的态度，唯有如此，法律才能真正落到实践之中，才能最大限度地发挥其普适性。恰恰是坚持恶法非法，永远感到不满足，才会注重完善法律，才是高度负责的表现，才会不断进步。只有相应的法律完善了，有法可依、有法必依、执法必严、违法必究等依法治国的环节才能顺利展开，中国的法治建设才能逐渐步入正轨。法律如此，人也如此，一个人也只有不把毛病和个性混为一谈，才能以“毛病非个性”来指导自己做人做事，不断突破己身，发扬优点，修正错误，才能得到周围的认可与欢迎。

刑法规定了危险驾驶罪。立法者认为，如果不将野蛮驾驶的行为入刑，就将有很多人毫无顾忌地飙车与酒驾，公共道路安全将如何保障？立法者还认为，一些经济犯罪，在新时期有取消死刑的必要，否则是罚不当罪。若不修改，刑法在这些方面不就具有一些“恶”的性质了吗？于是才会有接下来《刑法修正案（八）》《刑法修正案（九）》的相继出台，才会有危险驾驶罪、恶意欠薪罪的入律以及票据诈骗罪、集资诈骗罪等多个罪名的取消死刑。很多人对此表示担心，这会不会使刑法威慑力降低呢？会不会纵容犯罪呢？其实，这些担心是多余的。因为，在法律修改过程中，立法机关会反复听取各个方面的意见，调取了大量数据，研究了大量案件，保证修改法律的合理性与正确性。[1] 这即是“法律的正当程序”。还有近期《行政诉讼法》《环境保护法》《公司法》等一系列法律的修缮，这些都使我国的法律体系更加符合国情需要。恶法非法本身注重的是一种公平，因此，立法者对于法律的修改必然会融入庄严的使命感。正如习近平强调：“实践是法律的

---

[1] 检察日报．立法机关非常审慎地提出减少死刑方案［DB/OL］.（2015－08－30）［2016－06－02］. http：//newspaper. jcrb. com/html/2015－08/30/content_ 194606. htm.

基础，法律要随着实践的发展而发展。转变经济发展方式，扩大社会主义民主，推进行政体制改革，保障和改善民生，加强和创新社会管理，保护生态环境，都会对立法提出新的要求。”我国的领导集体是良法善治的坚定践行者。我坚信我们的立法者是坚持恶法非法的。如果他们坚持恶法亦法，恐怕根本不会这么拼，根本就不会尽全力去逐字逐句推敲完善每一个法条，他们会想：“反正也没人敢抗法不遵，修法如此伤神费力，有这功夫还不如用来做别的呢。”

同时，我们也必须意识到一点，“恶法非法”不仅仅是对于立法者而言，对于执法者也是一种约束。习近平强调：“各级政府一定要严格依法行政，切实履行职责，该管的事一定要管好、管到位，该放的权一定要放足、放到位，坚决克服政府职能错位、越位、缺位现象。”执法者是权力的直接施行者，他们与老百姓直接打交道，这就赋予其特别的角色，拥有权力也不能任性，不能恣意妄为，这就要求政府的权力必须是有限的，用“负面清单”来约束权力，既要有所作为，又要有所不为。有的执法者相互推诿责任、玩忽职守，对在职责范围内的事不闻不问。我们有时会听到一些野蛮执法、暴力执法的报道，有的地方还下发文件要求完成罚款指标，将执法变为牟利的工具，激化了社会矛盾，引发了各种不稳定因素，削弱了法律权威，损害了政府形象。暴力执法，会带来暴力抗法。之所以会出现暴力执法行为，在我看来，最重要的原因就是执法者缺乏法治思维。法治思维是法治主体根据法律原则，运用法律规则和价值判断，对当前社会问题和民间纠纷进行分析的思想过程。它强调从价值判断角度出发，运用规则来进行管理约束，为法治行为做好铺垫，做到每一个行为都有法可依，每一个程序都有理有据。因此，法治思维是基础，更是行为的指南。如果执法者不去考虑社会的价值尺度，不从公平正义出发，出现种种暴力执法行为也就见怪不怪了。同时，部分执法者对于遵纪守法的理解存在一定的偏差，在他们眼里，遵纪守法只是对于普通的老百姓而言，而没有认识到这也是对一名执法者最基本的要求。

恶法非法的理念，同样也深深地渗透到了司法领域当中。虽然法官必须要以事实为根据、以法律为准绳，但如果僵化地适用法律，生搬硬套现成的条条框框，是图省事而不负责任的行为，只能适得其反。

19世纪美国曾审理过一个名叫“里格斯诉帕尔默”的经典案例。帕尔默的爷爷是一个富商，家财万贯，但其膝下无子，又重男轻女，因此立下遗嘱：死后所有财产将全部由孙子帕尔默继承。这位纨绔子弟可谓含着金勺子出生，自然是养尊处优，好逸恶劳，甚至盼望爷爷早日驾鹤西去以尽快一步登天。后来，他生怕爷爷改变主意，竟然把老人毒死了。

帕尔默因罪入狱是不可避免的，但他是否有权继承祖父遗产，产生了巨大分歧。帕尔默的辩护律师认为：被告所处的纽约州并未规定杀人者会丧失继承权，应当严格按照法律的规定来下定论。坐牢和继承权利完全是两码事，不应一并而论，否则，就是擅自篡改法律，岂不是用道德标准来扭曲法律精神了吗？况且帕尔默已经服刑，若再剥夺其继承权，这不是又额外给被告狠狠地扣上了一把枷锁吗？部分法官对此也表示赞同。

可另一位法官厄尔表示反对：如果我们让杀人犯继承了遗产，法律的正义何在？这世上还有没有天理了？如果爷爷知道孙子会杀害自己，还会不会心安理得将财产全部交给孙子？恐怕不是。立法者的目的，会不会让杀人犯继承财产？被告继承长辈财产，不但不知图报，反而狠下杀手，这种不忠不孝、大逆不道的行为，若不给予严惩，如何以儆天下，法律的尊严和脸面何在？

最终，厄尔法官的意见得到了采纳，法官们引用了一条法律原则：人不能从自己的错误行为中获得利益，从而剥夺了帕尔默的继承权。

继承是公民生活当中的一件大事，许多人为了最大限度地分得遗产而争斗不休。民法规定了继承权的丧失制度，就是为了防止人们在继承遗产的过程中相互争斗甚至造成伤害，以保障继承的顺利进行。当然，我国也从这个案例中吸取了宝贵经验，我国《继承法》规定：继承人遗弃被继承人，或虐待被继承人，情节严重的，丧失继承权，除非同时具备以下两种情况，才可以不丧失：第一，洗心革面，幡然悔悟；第二，得到被继承人的谅解。二者缺一不可。

继承人故意杀害被继承人的，不管其动机如何，且无论既遂或未遂，一律丧失继承权。

继承，一般都是晚辈继承长辈的财产，而且被继承人大多是继承人的父母。晚辈杀害长辈，在古代属于“十恶不赦”中的一恶，犯十恶者，“为常赦所不原”。在现代也必须在根本上予以否定，不仅在人身上遭到严惩，在经济上也得不到任何好处，这正是以法律形式断绝了一些人的图谋不轨。

法律规则和法律原则是法理学的基本概念。法律规则是具体的、易行的，法律原则是模糊的、难以操作的。一个完整的法条，就是表述了一个法律规则，它对人们具有直接的指导意义，也是法官进行法律适用的最直接依据。因此，穷尽规则，才可适用原则。但在某些特殊案件之中，如果机械适用规则会导致个案的极端不正义，此时，应当进行法律原则的适用，以架空规则，使公平正义得到更好落实。否则，表面看起来是依法办事，实际上是对法律本质的天大误解。

当时，如果美利坚的大法官们坚持了恶法亦法，不用说，他们一定会极其自然地采取“继承权与其他一切无关”的法条，而不会挖掘更深层次的东西。换个角度想，即使法院做出允许帕尔默继承祖父遗产的判决，难道就错了吗？当然不是，至少在当时完全不是个错判，而且更加合乎法律规则，更加贴切于“以法律为准绳”的刑法原则，或许也不会让众人不服。可无论是以当时的视角还是现在的眼光来看，这个判决是正确的。正是坚持了恶法非法的理念，才敢于利用法律原则来消除法律规则“恶”的一面，否则，世界法律史恐怕就要改写了。

良法之治与遵纪守法的统一性

当然，许多人肯定会担心，坚持恶法非法，可能会导致很大的潜在社会问题，一些人就有了逃避法律处罚的借口，公民岂不是都能以“恶法非法”为由来对抗法律吗？我们不得不提及一个问题，如果人们主观认为法律是恶法，来抗法不遵，那法律还用守吗？法律不就成了一纸空文了吗？法律不可能顾及每一个人的利益，再完美的法律也不是人民币，不可能得到所有人的喜欢（有的人视金钱如粪土，连人民币都不屑一顾呢），许多良法对于某些少数人而言反倒成了恶法。

然而，是这样吗？

当然不是。

对于少数人来说，良法是禁锢，是牢笼，因为他们不去遵守法律，并将其看作“恶法”，进而大言不惭地强调

“恶法非法”。这些人若是触犯法律，必将受到惩罚。所以，我们必须看到，对于绝大部分人来说，良法之治与遵纪守法二者是辩证统一的关系，谁也离不开谁。全社会营造出遵纪守法的氛围，进而推动良法之治的进程。我们要让严格执法、全民守法与良法之治得到充分的融会贯通而不是对立。

我们需要把责任厘清，唯有如此，才能明白良法之治与遵纪守法并不矛盾。我们坚持恶法非法，并非是针对普通老百姓而言，老百姓当然难以以“恶法非法”为由来抗拒法律。恶法非法，更是对立法者而言的，保证良法的施行，是立法者的责任。“得民心者得天下”“得道多助失道寡助”，这样的名言警句绝不是说给老百姓听的，而是对统治阶级的深深告诫；社会上任何一个组织的兴衰，同样都是领导层所引发的。“二战”时，法西斯士兵接到进攻的命令，他们没办法回避，更不能抗拒，那就是犯上作乱。抗命不遵者，斩！谁敢后退一步，立刻枪毙！许多人并不愿意充当杀人的爪牙，他们被统治者、立法者给洗脑了，真正可恨的是那些动武的决策者们，是他们下达了惨无人道的指令，是他们黑心的恶法让全世界陷入惨痛时光。自然法学派认为若国家颁布的法律是良法，即具有正当性，那么公民理应遵守，我们从中可以看出，公民的守法行为具有主动性。而实证主义法学派认为公民遵守法律是因为它是国家颁布的，具有合法性与强制性，因而必须遵守，这也展现出守法的被动性。但是，无论是主动还是被动，从公民和国家的角度来看，公民都具有守法的义务。每一个人和国家之间是有契约的，公民付出了他们的外在自由即遵守法律，并享有法律所赋予的权利，权利和义务是对等的、对应的。因此，我们从权利和义务的关系来看，公民守法具有必然性。在我国，公民的权利和义务具有一致性，每个人既是享受权利的主体，又是履行义务的主体。老百姓有遵守法律的义务，便有要求上层阶级制定良法的权利；上层有要求下级服从的权力，那么他便有制定良法的义务。

有“良法”无执行，就得不到真正的善治。对于广大人民群众而言，必须以国家主人翁的姿态，树立正确的权利义务观念，忠实地履行宪法和法律规定的各项义务。但是，很多人不能自觉地履行义务。有人生产销售有毒有害食品，有人酒后驾驶，有人鸡鸣狗盗，都是不履行公民义务的典型案例，不仅仅违反了法律规定，更重要的是损害了不特定多数人的合法利益。美国著名法学家伯尔曼教授说：“法律必须被信仰，否则它形同虚设。”一个人如果没有信仰，就会缺乏敬畏之心，就丧失了最基本的原则。每一个人都要树立法治信仰。在我国，公民有维护国家统一和民族团结、遵守宪法和法律、保守国家秘密、保卫祖国和依法纳税等基本义务，也有很多人为此忽视了遵守公共秩序、尊重社会公德等这些小的细节，但它们也都在法律的规定范围之内，也具有强制力。

胡适先生说：“一个肮脏的国家，如果人人讲规则而不是谈道德，最终会变成一个有人味儿的正常国家，道德自然会逐渐回归；一个干净的国家，如果人人都不讲规则却大谈道德、谈高尚，天天没事儿就谈道德规范，人人大公无私，最终这个国家会堕落成为一个伪君子遍布的肮脏国家。”我们从小就要对孩子进行规则教育，规则是人类区别于动物、摆脱丛林法则的一个标志，任何自由都不是绝对的，不讲规则实际上就是不讲道德、不讲法治。社会上普遍认同的规则包括乘车时先下后上、乘坐电扶梯时要统一站在右侧以将左侧通道让出来给赶时间的人快速通过、开车转弯时必须及时打开转向灯，这些“良法”需要每一个人自觉维护。

当然这些必须是被普遍认同的良好规则，不能是“潜规则”，良好的规则才能造就良好的秩序。比如，张瑞敏刚接手海尔时规定：不准在车间大小便。这样的规则，你能说它是个“恶法”吗？难道不应该严格遵守吗？否则，员工的基本文明素质如何得到改善？良好的生产环境如何保障？外界会怎样看待这样一个企业？一个单位的规则如果确认是良法，就应当用铁的纪律加以维护，任何一名员工都必须服从。因此，当有些人怀着强烈的认同感要求有关部门制定良法的同时，也要扪心自问，是否真正尽到了自己作为一个新时期社会主义公民所应尽的义务？我们必须意识到，全民守法是法治中国的基础，中国的法治建设，与公民的守法意识、守法程度有关，只有所有的群众自觉地参与到这项工作中来，才能真正推动法治中国的进程。

相对于守法者而言，立法者更应该切实履行制定良法的义务。正所谓上梁不正下梁才会歪，自己都不用心去制定法律规则，没有公民权利意识，又有什么资格要求他人遵守呢？就像那位不想讨论恶法是否亦法的老师，他就是一个“独眼龙”，只看到了学生们“全民守法”的义务，却看不到学校“科学立法”的义务。严于律人而宽于律己是不可能得到人心的，你拥有了制定法律的权力，拥有了让违法者受到惩处的权力，那好，你就有保证你所立之法是良法这义不容辞的责任：制定良好的公司经营计划和投资方案、基本管理制度（企业之法），是董事会、经理层的责任；制定良好的教育和管理制度（教育之法），是校领导层的责任；制定良好的家庭规范（家庭之法），是家长的责任。立法者应当日省吾身：吾所立之法是良法乎？当然，我们也必须看到，为了使他们更好地履行义务而免受外界干扰，有必要创造一个独立的立法环境，从而最大限度实现立法的公平公正。这一环境需要立法者、全社会和每个公民共同努力来打造，其中最关键的就是立法者。在许多人的眼里，他们手中有着至高无上的权力，是精英，更是理性的群体。有时候，这些人往往也会变得不那么理性，甚至把“立法”当作儿戏。

著名法学家萨维尼在《论立法与法学的当代使命》中说过，所谓的立法激情，只是一种漫无边际的孤魂野鬼，罪魁祸首当数那些自命不凡的精英。在条件不成熟时仓促上马，很难达到初衷。所以，立法者应该时刻保持一种理性的思维，认清自身权力的同时，更明白赋予的义务。当然，这里的“立法者”应当做最广义的理解，不仅包括国家机关，也包括企事业单位中有权制定规则的群体，甚至连家长也应包括其中，因为家中也有家法的存在，孩子不听话，家长可能会打骂孩子，但家长应当保证自己的“话”是“良法”，这样才能真正起到良好的教育作用。

许多人会说：“社会就是这样不公平，你能改变得了吗?”我觉得这句话虽然现实，但是太冷血，没有人情味。如果我是一家公司的老板，我不会对员工说什么“你在这个公司上班，你就必须无条件遵守公司规则”，而是要坦诚以待，要说清楚公司规则的“立法理由”是什么，让他们真正信服。员工当然要守规则，但规则必须是合情合理的，这恰好应和了亚里士多德的“遵守法律”与“良善之法”的双重标准。员工的力量是渺小的、孱弱的，当然不可能对公司规则做出改变，要改变的是我。我应当把公司的利益、员工的利益放在重要的位置，制定一个切实可行的企业良法是我义不容辞的责任，这一点如果我都做不好，我的公司注定不会有光明的未来。有一种说法叫“一流企业知道如何制定规则，二流企业知道如何创品牌，三流企业知道如何订立价格”。这就要求我必须真正用心去“立法”，不断学习，提升水平，掌握必备的立法技能，制定完善好内部控制、信息安全、激励、产品研发、市场营销、薪酬管理制度。当然要进行民主立法，可以定期或不定期召开会议，听取各方面的意见和建议，打开天窗说亮话，真正了解基层情况，知晓他人心中所思所想，了解外界形势的变化，及时对公司规则进行立、改、废，这样才能更好保障员工利益，还能拉近彼此间的距离，消除隔阂，增强干劲，让公司得到更好更快的发展。美国通用汽车公司总裁墨菲说："我认为一个成功的管理者必须具有了解别人的能力，并能够同部下充分沟通。我个人尤其重视沟通这一渠道。"

六、完善监督机制

立法通常是指特定国家机关依照一定程序，制定或者认可反映统治阶级意志，并以国家强制力保证实施的行为规范的活动。它是一个极其严谨的工作，是国家治理中最为关键的一环。在我国，每一部法律，背后都有立法者基于时代背景、社会形势、人民呼声，邀请最顶尖的专家参与和充分听取各方意见及建议之后，经过严格的表决、公布程序后才制定完成的。立法是汇集众人之所长，造福天下的伟业。如今的立法，更强调民主性，也就是从"关门立法"变成了"开放立法"。它可以让公众的意见在立法过程中能够得到比较充分的反映，使法律真正体现和表达公民的意志，真正成为保护人民财产权利和人身权利的良法。一方面，这就要求立法者更要认真用心去立法，真正树立以人为本的意识，如果不能取信于民，那么一切工作都变得毫无意义。因此，所谓的民主立法，绝不能是遥不可攀的高岭之花，而是要俯下身子深入群众，只有接得了地气，才能聚得拢人气。群众不理解的法规内容，要细致耐心讲解清楚；新的政策变动，要及时有效落实下去。权为民所用、情为民所系、利为民所谋不是简单的一句话，而是需要真正落实到实践之中。

另外一方面，民主立法要求立法主体具备并努力提高民主立法的素养和能力。俗话说，没有金刚钻，就别揽那瓷器活。这种素养和能力的培养不是一蹴而就的事情，它需要在实践中不断思考和总结。立法者在制定法律时要让群众感知到公信力，自觉接受监督，提高群众参与度，不搞那些花里胡哨的东西。增强对立法者身份角色的认同感，以促进公平正义为己任，强化责任意识，提升立法质量和立法水平，维护法律的公信力。

兼听则明，偏信则暗。如果说，民主立法就是要多听方方面面的意见，多吸取社会智慧，那么科学立法就是要实事求是，不能拍脑袋做决策。[1] 它是新形势对立法工作

---

[1] 新华网．傅莹：科学立法，民主立法［DB/OL］．（2015－03－04）［2015－08－12］．http：//news. xinhuanet. com/politics/2015lh/2015－03/04/c_1114517341. htm.

的新要求。古人云："立善法于天下，则天下治；立善法于一国，则一国治。"2011 年的两会上，吴邦国委员长宣布：一个立足中国国情和实际、适应改革开放和社会主义现代化建设需要、集中体现党和人民意志的，以宪法为统帅，以宪法相关法、民法商法等多个法律门类的法律为主干，由法律、行政法规、地方性法规等多个层次的法律规范构成的中国特色社会主义法律体系已经形成。这意味着，"有法可依"的目标已经实现，法律在数量上应有所保证，但不是多多益善，太多的法律往往会让人无所适从，老子说："法令滋彰，盗贼多有"，现在更要严把质量关，努力做到尽善尽美。现如今人们关心的是法律法规好不好、管用不管用，只有全面推进科学立法，才能实现立法质量的全面提升。因此，它要求立法过程中尊重和体现规律，主要包括两个方面：一方面是立法需遵循所调整的社会关系的客观规律；另一方面是立法要遵循立法工作本身的规律。[1]"态度决定一切"。在尊重和体现规律的同时，应该具有科学的立法态度。正如马克思所说的那样，立法者应当"把自己看作一个自然科学家，他不是在创造法律，不是在发明法律，而仅仅是在表述法律，他用有意识的实在法把精神关系的内在规律表现出来。"脚踏实地、实事求是，时刻不忘肩上的使命，这才是应该持有的态度。

---

❶ 中国领导干部资料库．科学立法，公正司法［DB/OL］.（2015－04－01）［2016－09－17］. http：//theory. people. com. cn/n/2015/0401/c395162－26784333. html.

此时此刻，不禁联想到自身，仍记得研一刚入学的时候，期末论文作业写得乱七八糟，根本与专业这两个字不挂钩。因此，我导师给我这样的评价："我觉得你写这篇论文，要么是不认真，要么是没有专业理论基础。"这样的批评可谓是一针见血。既要认真用心，又要有相应的知识储备，才能写出别具一格的经典论文。当时，我不仅缺乏认真严谨的态度，又没有较高的学术水平，最后的论文可以说是惨不忍睹。之后，我深刻反思，逐渐端正学习态度，进而取得论文写作水平的进步。

天下之事莫不如此。立法亦然。历朝历代的大多数统治者在立法活动中，要么是不认真，要么是没有立法的专业理论基础，所以才把天下搞得乌烟瘴气、一团糟，断送了锦绣江山。而现在我国格外重视立法工作。九届全国人大四次会议提出，"力争做到立法决策的民主化、科学化"；十届全国人大五次会议要求，"科学立法、民主立法继续推进，立法质量进一步提高"。党的十七大进一步提出："要坚持科学立法、民主立法，完善中国特色社会主义法律体系。"这一系列的立法工作都表明了我们力争良法善治的态度和决心。

良法之治贯穿了法律实施的全过程，不仅包括立法、执法和司法，法律监督是法律实施的重要部分，要有国家机关相互之间的制约，各种社会组织和公民监督。不受监督制约的权力是可怕的，它就像一匹脱缰的野马，恣意践踏路上的行人。权力是把"双刃剑"，运用得好，可以指挥得法、令行禁止、造福于民；权力一旦被少数人滥用，超越了底线，就可能滋生腐败，贻害无穷。同样不受监督的法律随时都会演变成恶法，并在这条道路上越走越远。例如，中国曾经的《人身损害赔偿解释》，规定农村人和城市人分别确定不同的人身损害赔偿标准，造成“同命不同价”，这就明显违背了公平、正义的普世价值原则，让受害者怨声载道，难道这就是所谓的正义吗？法律面前人人平等的基本原则也被弃之不顾。可见，建立一种强力有效的法律监督机制尤为重要，它可以防止非正义的恣意横行，可以将权力关进笼子里。我国是人民民主专政的社会主义国家，人民是国家的主人，为了保护广大人民的根本利益，必须建立起有效的民主监督机制。由此，才能更好地监督和制约国家权力，维护人民的权利，推进中国法治建设的进程。

对于良法而言，智者千虑，难免也有一失。即使再优秀的立法者，也会有许多意料不到之处，不可避免地会出现一些问题，即使是一部实在是没有任何毛病的法律，也扛不住时间这个敌人，滞后性就会渐渐显露出来，此时法律便有“恶”的性质了。不仅如此，法律在应用于社会实践时，总会有意想不到的困难，无论是问题还是困难，都是一个对法律不断修订和完善的过程。在我看来，倘若真正用心、认真去制定好每一部法律，又具备了立法的能力与知识储备，我想即使法律出了问题，至少也不会很严重。

正义女神源自古希腊神话。她一手持天平，意味着衡量法律；一手持宝剑，代表了维护法律，它体现了良法之治和严格执法的双重意义。最引人注目的是：她的双眼被一条丝带蒙上。这不是失明，而是一种自我约束，杜绝一切干扰，不开小差，不被各种偏见和利益所左右。发现犯罪是公、检的职责，法官要做的是公正裁判，不偏不倚，不枉不纵，“你要用心灵去关照，用心灵的眼睛去洞察事情的真相。”

正如著名法学家边沁所言，在一个法治的政府之下，善良公民的座右铭即“严格地服从，自由地批判”。这不恰到好处地阐明了法治天平的两个砝码吗？正义女神一手持天平，一手执宝剑，这到底意味着什么？想要进行自由的批判，必须要建立一种监督制约机制，“国无法不安，党无纪不治”，工作做到公开透明，方便监管，及时发现问题、及时改正问题，纠偏纠错快速直接，杜绝违规现象，成就一个全方位、无缝隙的监督体系。它就要求进一步加强制度建设，责任到人，指标明确，认真执行和不断完善各项制度。立法需要广大民众的参与，如果仅靠一个或几个人的“专业理论基础”，其实就是一种“不认真”。

我们常说，不论研究哪一门学问，只有在批评中才能获得长足的进步，在溢美之词的笼罩下，结果只能是沾沾自喜、故步自封。《弟子规》有云：“闻过怒，闻誉乐，损友来，益友却；闻誉恐，闻过欣，直谅士，渐相亲。”“我不同意你的观点，但我誓死捍卫你说话的权利”，伏尔泰这句名言发展到今天就演化成为“共产党要容得下尖锐批评”，而要容得下尖锐批评，就必须给予批评的渠道吧。刘邦、曹操、李世民之所以能取得成功，就是因为他们具有博大的气度和襟怀，善于用人、善于倾听，懂得采纳别人的意见。让人说话，天塌不下来，聪明的领导者总是特别注意听取群众的呼声，根据现在民主政治的要求，政治事务必须公开化、透明化，每一位公民都能表达自己的意愿，发出自己的声音，人民享有最广泛的话语权，否则人民当家做主只是一句空话。[1]

---

[1] 冯玉军．法论中国［M］．北京：清华大学出版社，2015：27.

人民群众的监督也就是所谓的社会参与式监督。它能够广泛调动全社会的力量，利用公民和社会舆论的方法，成为实现社会监督的最广泛形式。但是，我们也必须看到，社会监督仍会面临着重重压力。民众通过公开表达自身利益诉求的过程中，难免会触碰到各种利益关系，有时候，这种自由的声音就被压制下来。基于此，对于社会监督来说，就必须打造一条顺畅的监督渠道。扩大群众的知情权、参与权、选择权和监督权，让他们真正参与到监督的进程中来。经过参与者讨价还价的博弈过程而形成的规则要比单方面制定的规则应用得好，经过社会各方、各阶层的真实代表相互博弈、相互协商而形成的规则是人们真实意思的表达，参与者有强烈的责任感和义务感，能够得到人们的认可、尊重和执行；当然，民主可能会在一定程度上降低效率，会把一些本该简单成就的事情复杂化，增加成本，但要知道，一部优秀作品，必然是经过反复推敲，千锤百炼才能大功告成。

民主协商是权力制约的一种必要手段，仍然是利大于弊，它很好地回答了权力如何运用这个问题，我国《宪法》在开篇序言中便强调政治协商在我国民主生活中的重要作用。中共十八大和十八届四中全会先后都一再指出，协商民主是社会主义民主的重要形式，并且要求完善协商民主制度和工作形式，推进协商民主广泛多层制度化的发展。[1]不仅如此，新闻媒介更应该提高自身的素质，自觉承担起监督的重要作用。海纳百川，有容乃大。大海之所以广阔无垠，是因为她广阔的胸怀，勇于接受一切淤泥污垢。赫胥黎曾言："对一个国家民族而言，专制和蛊惑无论如何都不是政府的必然选择，自由和秩序也决非水火不容，敬畏应当服从知识，自由讨论是真理和国家真正统一的生命。"

> 李时珍著《本草纲目》花费27年，《徐霞客游记》34年才得杀青，马克思完成《资本论》更是历尽40年的风雨坎坷。而立法远远比著书立说要复杂得多，事前想得清，事后就不会穷折腾，否则，会在法的实施过程中发生执行难、适用难、遵守难，还要推倒重来，这才是更加的误时误事。要在公平的基础上兼顾效率。《孙子兵法》强调不打无准备之仗，预则立不预则废。[2]

---

[1] 俞可平．偏爱学问［M］．上海：上海交通大学出版社，2016：98.

[2] 《孙子兵法》作战第二："凡用兵之法，驰车千驷，革车千乘，带甲十万，千里馈粮；则内外之费，宾客之用，胶漆之材，车甲之奉，日费千金，然后十万之师举矣。"意为：要兴兵作战，需做的准备有：轻车千辆，重车千辆，全副武装的士兵十万，并向千里之外运送粮食。那么前后方的军内外开支，招待使节、策士的用度，用于武器维修的胶漆等材料费用，保养战车、甲胄的支出等，每天要消耗千金。按照这样的标准准备之后，十万大军才可出发上战场。否则贸然上马，只能一败涂地。孔子也说："以不教民战，是谓弃之。"意为：让没有受过专业训练的人上战场打仗，就是在抛弃他们。孙武和孔子，一文圣一兵圣，二位先贤同样十分强调事先准备工作的重要性。

磨刀不误砍柴工就是这个道理，计划越周详，事后出错的概率就越低，没有计划的行动就是盲目作为。美国企业家理查·史罗马在《无谬管理》一书中指出："一件方案，宁可延误其计划之时间以确保日后执行之成功，切勿在毫无适切的轮廓之前草率开始执行，而最终导致错失该方案之目标。"

法国启蒙思想家伏尔泰，反对君主专制，主张天赋人权，提倡自由平等。他被称为"欧洲的良心"。

法律需要自由的讨论，在讨论中，人们逐渐树立起法治意识，增强法治观念；在讨论中，国家呈现出一种自由的氛围，引导整个社会向善。法律也要接受人们批评，给予人们提意见的机会，使得法律日臻完善，尽善尽美。当然，人们在批评之前，应该自觉树立起法律的信仰，有信仰，才能更好地配合法律的执行，才能更自觉地指出法律相关问题。

抑或可以这样说：老百姓不能以“恶法非法”为由来抗拒法律；老百姓有权以“恶法非法”为由要求立法者修改完善法律；立法者必须以“恶法非法”为最高准则来制定法律。这便做到了立法、守法与民主这三者的有机统一，实现由“管理”向“治理”的转变[1]。

一部蔓延几千年的世界法律史，其实，就是一部“好习惯”与“坏习惯”的漫长战争史，也是“天理人权”与“统治阶级意志”的激烈抗争史。回首今日，我们终于可以欣喜地发现：“公平正义”的理想之光，已经重新照耀了许多国家的法律殿堂，那些违反公平正义、践踏“自由平等”的坏法律和司法坏习惯，也正开始在全世界范围内渐渐败退和逐步消失。[2] 苏格拉底说：“法是正义的表现，也是强者的意志。正义既是立法的标准，也是立法的共同本质。”立法者更应该把社会的公平、正义放在首位，把人民群众的利益放在首位，同时，建立起良好的监督制约机制，保证权力在阳光下运行。如此，才能让法律真正惠及人民，让政府真正成为为民请命的公仆。

---

[1] 相比“管理”，“治理”的包容性更强，它更强调法治化、多元化、协调沟通、发扬民主、官民互动、转变政府职能，而非单一的、自上而下进行管控。

[2] 余定宇．寻找法律的印记［M］．北京：法律出版社，2010：2.

创业不易守业更难

创业难，守业亦难，需知物力维艰，事事莫争虚体面；

居家易，治家不易，欲自我身作则，行行当立好规模。

——吴玉章

当今，随着中国特色社会主义市场经济的确立、发展以及成熟，自由的市场环境让各行各业都涌现勃勃生机。自20世纪80年代以来，改革开放为社会所带来跃跃欲试的强烈氛围，让“创业”成为人们纷纷推崇的毕生目标，大批创业者如战神般投身商海，背水一战，最终成就伟业，一个又一个商业神话频频出现。诸如冯仑、潘石屹、刘强东等，原本只是些一文不名的穷小子，凭借着自身的不断顽强拼搏与国家经济政策的利好机会，最终获得成功。

伴随改革开放迎来40周年，先行一步的创业企业已进入“守业”阶段，且随着市场环境的不断变迁，互联网信息时代的日新月异让新的创业企业每年都如雨后春笋般不断涌现，这催生了许多创业者，同样也有不少人被淘汰出局。

手机行业竞争日益激烈，墨守成规、故步自封的商家躲不过被淘汰的宿命。诺基亚，曾经真的是人手一部，占据了中国手机市场的大半壁江山，从高中到大学，我共用了3部诺基亚，在其如日中天的时候，诺基亚不是弱势群体吧，可现在呢？其后，iPhone手机以其自身特立独行的营销模式开辟了一个不断向上攀登的市场，这并不是因为幸运女神的垂青，而是“乔帮主”带领的苹果公司运用其敏锐的市场嗅觉、过人的前瞻能力、成功的市场策略最终成就了iPhone。我们还看到当年手机行业的又一个龙头摩托罗拉，曾经屹立不倒稳坐高位的大品牌，近些年也一直在走下坡路，并被谷歌公司整体收购，没有避免被淘汰的命运。银行工作是许多人羡慕的铁饭碗，目前我们很难说银行是弱势群体，中国内地多家银行占据世界五百强的鳌头。可这不是松懈的理由，现今银行业面临的问题着实不小，必须昂首向上，攻坚克难，不能动摇。所以说，“前瞻不次于经验”，不管在任何行业，最需要的是“创新”、是“改革”，是比打江山的同行还要高出一筹的整体能力。据统计，中国民营企业的平均寿命仅有2.9年，每年有几十万家企业濒临倒闭，面临着难以跨越的转型瓶颈，尤其近期经济存在较为沉重的下行压力，“创业难，守业更难”又成为一个时代所深刻思考和反映的问题。

而当我们带着这个问题，将眼光投向历史的长河或者身边的生活中，我们不难发现，“创业难，守业更难”，从来不仅是一个商业问题，而是关乎国家存亡、个人发展、家庭和睦的永恒命题。它看起来浅显易懂，浅显到谁都能侃侃而谈；它又非常深奥，深奥到每一个人都要穷其一生去品读。

中国，是一个拥有五千多年历史文化传承的文明古国。在悠远的历史长河中，从最初的夏商周开始，一直经历着雨雪风霜的洗礼，经历了历朝历代的岁月更迭。有首朝代歌是这样讲说的：“夏后殷商西东周，秦汉三分传六晋，隋唐五代延二宋，元汗朱明前后清。”一首打油诗，将中国五千多年走过的路尽览无余。在这些统治者中，不乏一些积极进取、开明大义的英君，让国家经历了一个个太平盛世。中国人有着强烈的盛世情节，总是怀念自己曾经那“世界老大”的光辉岁月，古时候的中华大地，实在是令世界惊叹景仰的天朝上国，鲜有谁敢与中国相提并论，即使是内忧外患的北宋，GDP 也居然占据世界的五分之一。中国的盛世主要有三个，西汉的“文景之治”，唐代的“开元盛世”和清朝的“康乾盛世”，同时西周的“成康之治”和明代的“永宣之治”也是同样有名的。这几个时期有着共同的特征：它们都在国家统一、社会稳定时出现，统治者能够制定出顺应时代发展的法律和政策，因此，无论是经济、政治，还是文化，都呈现出一片繁荣发展的景象。国力强盛，人民安居乐业，军队能征善战，后宫佳丽、嫔妃成群。然而世事难料，在这各国使臣来贺，数不尽荣华富贵的背后，有多少帝王将相能够永保太平？又有多少君主能守得住父辈血汗拼打下来的江山？正所谓创业不易守业更难，中国历朝历代的全盛时期，都在这历史的怪圈中兴起、沦落……

一、历朝历代的兴起与沦落

刘邦，汉朝开国皇帝，作为杰出的政治家、战略家、卓越的军事家和指挥家，他登上了汉皇帝的宝座，建立了以儒家文化为代表的政权，奠定了大汉朝的基础，推动了历史发展进程。他知人善任，用人不疑，凭借过人的才能将众多贤士揽至门下，成为自己最得力的助手。刘邦的后人也大都雄才伟略，依次确立了“约法省刑”“德主刑辅”的法律思想，缓和矛盾，让国家不断发展壮大。汉朝，为我们创造了太多值得骄傲的历史和文化，如造纸术、地动仪、九章算术，它因其发达的经济、丰富的文化和超高的科技水平闻名于世。接下来的文景之治，也真正意义上成为中国第一个盛世王朝。

文景上承高祖，下启武帝。汉文帝实行了黄老之术、“轻徭薄赋”“与民休息”的制度，崇尚以文治国，让国家休养生息，安定边疆，对外不搞扩张，对内不兴重赋。文帝十分节俭朴素，且为人至孝，并受一位小姑娘的影响而废除了肉刑，这成为中国法律由野蛮走向相对文明的重要里程碑。《汉书·景帝纪》：“汉兴，扫除烦苛，与民休息。至于孝文，加之以恭俭，孝景遵业，五六十载之间，至于移风易俗，黎民醇厚，周云成康，汉言文景，美矣！”从此话中，我们看到一个如此务实的帝王，如此贤能的帝王。景帝的儿子汉武帝，在两代帝王贤明的治国方针下，接手了一个无论是经济还是军事都接近鼎盛的强大汉朝。自此，汉武帝开始在世界雄霸，强大的汉军雄狮攘夷扩土，朝鲜、百越、大宛、匈奴等被一一攻占，汉军所到之地，势如破竹，西汉元帝时代的名将陈汤那句“明犯强汉者，虽远必诛”，让匈奴蛮夷之邦闻风丧胆。自此以后的昭帝、宣帝、明帝、章帝这几位不可多得的帝王，是迄今为止所有汉族人的骄傲。

同时，我们也必须看到汉朝的最终结局，它难逃灭亡的命运，曾经的辉煌盛景如今只能留下一声叹息。打江山容易守江山难，当眼前面对的是一片繁荣景象，很多人都会沾沾自喜、陶醉其中，实际上背后的危险正在悄然袭来。终于，延续了四百多年的盛世汉朝，到了东汉末年，由于政策混乱，宦宦贪婪腐败，胡作非为，即位皇帝大多年幼没有主见，凡事都由皇太后做主，可怕的是皇太后处于糊涂状态，根本分不清是非曲直，朝廷已经乱成了一锅粥，七大姑八大姨的亲戚们，都能当朝任一官半职。宦官和这些外戚们不断争斗，引发党锢之祸。面对朝廷的不作为、贪官污吏横行的状况，最终导致了黄巾起义，地方武装兴起，推动东汉政权走向灭亡。朝廷失去对地方的控制后，最后一任汉朝皇帝陈留王刘协，成为董卓挟天子以令天下的工具。

第二个真正意义上的盛世王朝，是唐朝玄宗时期。

唐朝是隋朝之后又一个大一统王朝，共二十一位皇帝，享国祚289年，是公认的中国最强盛时代之一，为此，世界开始称中国人为“唐人”。唐太宗李世民深悉隋朝灭亡的道理，开始注重治理国家，让百姓休养生息。“水可载舟，亦可覆舟”就是他经常给群臣讲的话。在他的以农为本、文教复兴制度下，国力逐渐强盛。唐朝确立了“德本刑用”的立法指导思想。唐高宗时期问世的《永徽律疏》是中国法制史上的光辉一页，作为中华法系的最杰出代表，对日本、朝鲜、越南等周边国家的法制建设影响深远。这些因素共同促成了唐玄宗时期的大盛世王朝。在武则天退位后的几年里，国家政局又出现了一个动荡的前兆。玄宗继位后马上平定叛乱，赐死了一点儿也不太平的太平公主，然后征兵二十万，杀尽太平公主残余势力的反贼。从那以后，玄宗开始潜心治理国家，重视谏议制度，完善大唐法制，鼓励开垦荒地，扫灭蝗虫，促进手工业和商业的发展，实惠于百姓。唐玄宗延续了太宗的国家治理制度，经过励精图治，选贤任能，重用功臣，创造了开元盛世，经济繁荣、社会稳定。可以说，他是唐朝的功臣，他重视对边疆地区的管辖，巩固了多民族国家的统一，促进了不同民族之间的相互融合与交流，历史上曾记载过这样一句话："户口之盛，极于此。"

终于，渔阳鼙鼓动地来，安禄山从范阳起兵，呼啸而至，唐王朝顿时从天堂一坠而下。"安史之乱"的发生是由一系列原因造成的。首先，唐玄宗整日纸醉金迷，荒废朝政，宫廷陷入黑暗的争斗中。包括宰相张九龄在内的正直官员先后被罢官，唐玄宗任用李林甫、杨国忠为相，朝堂之上没有了忠臣的谏言。明太祖朱元璋就曾说过："昔玄宗内惑于声色，外蔽于权奸，以养成安史之乱。"众人皆知，他所谓的"声色"指的就是杨贵妃，统治者整日如此，朝廷哪里会有什么希望。其次，唐朝在军队管控方面出现严重失误，从最初的府兵制到之后的募兵制，原本是想改变府兵逃避征调或逃亡的困境——不料导致边关将领的拥兵自重。地方节度使发展到兼管行政、财政，集大权于一身，成为豪强势力，足以和朝廷分庭抗礼，外重内轻。而且唐代仍存在着民族歧视和压迫的现象。钱穆在《国史大纲》中提到："安禄山的势力，是唐室用中国财富豢养成的胡兵团。此种胡兵团只吮吸了唐室的膏血，并没有受到唐室的教育。他们一旦羽翼长成，自然要扑到唐室的内地来。"由此看来，藩镇割据、宦官专权、党争内讧不断，再加上日益激化的民族矛盾，这些都导致了唐朝的灭亡。天下虽安，忘战必危，生长在一个安稳的环境中，往往忘了危险，没有危机感才是最大的危机。

第三个盛世王朝，是离我们最近，也是我们谈论最多的康乾盛世。康熙帝宣布“盛世滋生人丁，永不加赋”，乾隆帝也宣称“比年以来西域大奏朕功，国家势当全盛”“方今国家全盛，府库充盈”。这历来是一个颇具争议的时期，但不可否认的是，从经济方面看，清政府创造了长达一百多年的繁盛时期，GDP 占据世界的三分之一。不仅经济上繁荣，政治和文化的发展都呈现出迅猛的发展趋势，因此，它将中国传统社会推向了一个新的高峰，创造了历史的奇迹，一提起它，人们眼前便似乎闪现百姓安居乐业的温馨场景。可是，这样的美好又能持续多久呢？这被后人称为是在风雨飘摇的世界中的一艘破船，即使是“盛世”，也只是一小阵回光返照。我国学者许倬云曾经说过，其实所谓盛世只是败坏的开始，这三个皇帝统治的时期已经将中国的资源挥霍净尽；清朝这一个看上去很兴旺的大帝国，其实有一半以上的岁月，是走向衰退，而不是稳定地维持一个大国的声威。清朝最终没有追上西方国家的步伐，面对列强的船坚炮利，瞬间崩塌。当时的国家已是危机四伏，衰态尽显，无论是生产力水平低下还是闭关锁国政策，抑或是面临的人口问题，都为清朝的灭亡埋下了伏笔。虽然明清时期资本主义萌芽已经显现，但它是个新出现的先进事物，在高度中央集权统治的压制下，发展极为缓慢，自然经济仍然占据主导。为了限制土地兼并，同时恢复农业生产，重农抑商的政策应运而生，这就更加让资本主义萌芽没有发展和立足的空间。不仅如此，清政府不注重科技文化发展，防民之口甚于防川，残害了大量文人学士，禁锢了思想，人民失去了言论自由。一个得不到支持的政权，灭亡是早晚的事。它被欧洲人称为“中国的中世纪”，可见，文字狱的负面后果是多么严重。此时，欧洲工业革命却开展得如火如荼，一系列的“恶法”让大清国和西方资本主义的差距越拉越大。

不光是汉唐清三朝，其他政权也颇有相似之处。

经历了康乾盛世以后，满清王朝逐步走向了动荡分裂的混乱时期。太平天国，这场被称为中国历史上规模最大的农民革命，从1851年开始一直到1865年，在十四年当中，洪秀全带领广大农民坚持斗争。在定都天京以后，雄心勃勃的他挥师而上，迈开北伐和西征的脚步。虽然北伐失利，但随后翼王石达开的西征军在鄱阳湖大败湘军，顺利为洪秀全赢得湖口大捷，扭转西征战局。这一支在朝廷看来只是一群乌合之众组成的民兵团的一时气焰，甚至让气急败坏的曾国藩要跳湖自尽。可以说，至此太平天国达到军事上的全盛时期，一时风头无两，几乎所有人都相信太平军将直捣黄龙称王称霸。

无论是《天朝田亩制度》，还是《资政新篇》，它们都沉重冲击了封建地主土地所有制，推动了社会生产力的发展，并最早提出发展资本主义的要求，这场声势浩大的农民运动进行得轰轰烈烈。然而，正当人们沉浸在这期待已久的胜利之时，当历史正准备为太平天国翻开新的篇章之时，意料之外的事情发生了：繁荣鼎盛的天京城中突发内乱，东王杨秀清、北王韦昌辉先后被杀，石达开出走，突如其来的分裂让太平天国的力量遭到严重削弱，快速堕入内讧的旋涡中不能幸免，断送了大好基业。太平天国运动本身就是农民阶级领导的，这一群体自身有着无法克服的局限性，它不代表先进的生产力，说到底，它不是一个先进的阶级，它不具备把中国带入一个新纪元的能力，领导者思想腐化，只贪图一时享乐，内部为私利勾心斗角，这些都导致了太平天国失败之必然。

再说起东汉末年的三国阶段，刘备在赤壁之战后，在得力军师和大批将领的辅助下，连打胜仗，从同宗室刘璋手里兵不血刃取得西川这块天府宝地，又在汉中之战大败张郃，斩杀夏侯渊，甚至曹操的门牙都被射掉。此时的刘备军实力迅速膨胀，更在后来的东征伐吴中节节胜利，大有一统天下、复汉兴刘之势。但是，情势的发展往往出人意料，处于顶峰之态的蜀军终未能握紧长胜的旗缨，由于刘备过于自信的临场指挥，蜀国千军万马都焚毁在夷陵大火之中，因为此，诸葛亮一手构建的宏伟蓝图顿时化作了一场梦，已然看到强烈曙光的汉室大业从此一蹶不振。当然，一个朝廷开始走下坡路也不会是分分钟的事，所有的一切都是先兆，当胜利的喜悦已经冲昏了统治者的头脑，有谁还会去在意里面埋藏的危险呢？如同脚下早已埋好的一颗定时炸弹，不知哪一天便会血肉横飞。

由此可见，最大的敌人正是自己！

如果刘备击败了孙权，灭掉了曹魏，重兴大汉江山，我们还会说汉中之战使蜀国进入了全盛时期？假如太平天国最终推翻清政府，建立属于自己的新王朝，我们还会说湖口大捷之后的太平天国达到全盛阶段？一时的繁荣并不能代表永远的繁荣，打下江山容易，但守住江山是何等艰难，每个人都会有骄傲自满的心理，统治者更不例外。“全盛时期”绝不可能是当时的统治者自封，是任由后人评说而得之，它是一个历史的、相对的概念，取决于你把它放在哪一个阶段当中。

联想当今，我们总能听到人们在自我激励时常说的一句话：“没有最好，只有更好。”“最好”“更好”之间的差异在哪里？在我看来，“最好”是一个静止的观念，代表对理想的追求已经完成实现；而“更好”则是一个动态的过程，它意味着不断求索、永无止境。无论是文景、开元、康乾，还是太平天国和蜀汉曾经经历的全盛，在这一个个耳熟能详的故事中，我们能得出一个结论：全盛完全不等同于永恒不败，恰恰相反，全盛的到来反而印证了“没有更好，只有最好”的“全盛定律”。回顾历史，当一个政权达到全盛时期，就注定其发展潜能进入最顶峰，已无上升的空间，如同一条抛物线，达到最高值之时只能在地心引力的驱动下迅速坠落，想想这是一件多么可悲的事情啊。常言道，“物极必反、盛极必衰”，有时事物发展到一定阶段，不可避免地发生反向的量变甚至质变。越王勾践经历亡国之痛后卧薪尝胆，最终促成日后励精图治的复国之路，然而复国以后的越国就得到长久安稳的统治了吗？显然不是。李白有诗云：“越王勾践破吴归，义士还家尽锦衣。宫女如花满春殿，只今唯有鹧鸪飞。”曾经的辉煌早已一去不返，只剩立于断壁之下的无限惆怅。这些如太平天国或是三国时期蜀国相类似的跌宕沉浮的例子实在是多不胜数，大部分被载入史册的王朝无不经历过“全盛”的曼妙时光，同样又全无幸免从全盛时期或快或慢滑落至式微，跌入衰亡的万丈深渊永不翻身，梦碎乌托邦。逆水行舟，不进则退，所以，“全盛”二字不是一个“绝妙好辞”，因为当它出现之时，就预示了衰落也于此不远处向你招手，随时吞噬这来之不易的累累硕果。

唐太宗常与诸位大臣谈论治国理政之道。一次谈到创业与守业哪个更难的问题，房玄龄说：“创业更难啊，反隋战争中，与各路反王互相征战，我们为了一统天下，死了那么多人，付出了如此高昂的代价。”而魏征却不同意：“我认为守业更难，历史上的君王都是在极度艰难的时候取得了天下，但无一不在安逸的环境里丢失了天下，这才是我们现今应当更警醒的。”李世民说：“玄龄与我一起得了天下，历经百战，九死一生，因此知晓创业的艰难；而魏征助我一起安定天下，常常担心在富贵的时候滋生骄奢，疏忽的时候发生祸乱，所以知道保持已有的业绩更是难上加难。但是创业的艰难已经过去；保持已有的业绩的艰难，正应该和大家谨慎对待。”玄龄等人拜

了拜说："陛下说到这个道理，是天下的福气啊。"❶

在历史学界中有一个永恒的研究话题：盛世为何不能永远持续下去？在我看来，不论是哪个王朝，都有其不同的生命周期，盛世和乱世总有适应其发展的体制；之所以会由盛转衰，正是因为没有长久的良法制度做保障支持。以刚才的几个古代政权为例，在高度统一的中央集权统治下，在等级制度严格的环境里，没有民主，没有良法善治，人与人之间缺乏平等，谁都要完全服从皇上的旨意，不论国家是否富裕，百姓是否安居，只要是皇上，都有权力轻松掌管别人的性命。而万人之上的天子坐在龙椅上就是坐在刀山火海上，几乎所有皇子从呱呱坠地那天起便要面对数之不尽、或明或暗的挑战和算计，纵然一时稳坐江山，也难保稍有不慎，就落得一子错、满盘皆落索的下场。尤其在面对一个庞大的政权时，皇帝可以做的事情有很多，正如"水能载舟亦能覆舟"的道理，他可以让王朝走上繁盛，也可以使其从全盛之巅迅速滑落，最终沦为历

❶ 上问侍臣："创业与守成孰难？"房玄龄曰："草昧之初，与群雄并起角力而后臣之，创业难矣！"魏征对曰："自古帝王，莫不得之于艰难，失之于安逸，守成难矣！"上曰："玄龄与吾共取天下，出百死，得一生，故知创业之难，征与吾共安天下，常恐骄奢生于富贵，祸乱生于所忽，故知守成之难，然创业之难，既已往矣；守成之难，方当与诸公慎之。"玄龄等拜曰："陛下及此言，四海之福也。"

史中的残破一隅。

二、成家不易守家更难

所谓“家国天下”，家和国从来也是如出一辙，国家面对的问题，家庭也可能出现，乃至在每一个人身上都会产生相同的命运轨迹。所以，创业难、守业更难的问题，大到国家、中至企业如此，小至婚姻家庭也是如此，如果不能用“良法”来维系家庭的善治，历尽辛苦白手起家建立的一切，随时都有可能在瞬间崩塌。

在高呼恋爱自由的今天，不论是在校园的象牙塔里，还是在熙来攘往的繁华大街上，随处可见甜蜜如丝、卿卿我我的情侣们出双入对。看着他们幸福的样子，总是让人羡慕不已，不少单身汉们望眼欲穿：“要是能追到心中的女神就好啦，我一定会好好对她，这样我们就能幸福地过上一辈子了。”可是他错了，要想追到心中的那个她，完全不是难事，我们身边丑男追到美女的经典案例屡有发生，但要一如既往快乐到永远，可谓面临九九八十一难。童话故事里，王子和公主历经波折终于排除万难走在一起，幸福和快乐永远是不变的结局，但回到现实，爱情真的就是如此简单便能收获永恒的果实吗？事实是：当每年的6月奏响了分手离别的悲歌，看到大学情侣们陆续劳燕分飞，高喊“毕业不分手”的学子们也一个个违背了当初的誓言，我们便能明白一时间的甜蜜永远不能代表细水长流一辈子。或者说，校园爱情能成正果的又有几何？我们身边有几个人是仅经过一次恋爱就能一发到底顺利结婚的？确实，我们大都要登记、领证、结婚、生子，而要努力地维持婚姻，则需要一家人用“良法”相亲相爱，才能一点一滴地建立起和睦美满的生活。我想，这是人类永恒的话题，这是一门足以感悟一生的学问。就像梁思成曾问林徽因：“有句话，我只问这一次，以后都不会再问，为什么是我？”林徽因答：“答案很长，这要用一生去回答，你准备好听我了吗？”“我爱你”这三个字绝不是随口一说，它当然需要用一生去回答、去践行。

“我能想到最浪漫的事，就是和你一起慢慢变老”，如此唯美的歌词总是如风铃般在每一个恋爱的人心中叮咚作响，让人不禁幻想这相守一生的无限浪漫。现实生活中多数夫妻还是能够白头到老的，但一定能够幸福和睦吗？未必。即使是白头到老，可能也是凑合着到老的。这就好比一个企业，虽然硬撑着没有进入破产程序，但效率低下，效益下滑，没有市场，一片荒凉。两口子常挂在嘴边的一句话是：“要不是因为孩子，早离了！”这或许是一时脾气来了放出的狠话，却可能为日后的分崩离析埋下祸根。孩子是父母爱情的结晶，更是两人生命的延续，重要性当然不言而喻。然而婚姻的构成本应更多是两人之间的爱情融合，而非单纯对孩子的责任使然，孩子只是联系夫妻感情的重要纽带之一而非决定性因素，孩子长大成人后也将离父母而去，开始新的征途，夫妻才是长相厮守共度一生的终身伴侣。法律也将夫妻关系作为最亲密的关系来对待，胜于父母子女关系。我们经常听说，孩子要离开父母的怀抱，外出寻找属于自己的天堂，打拼出一片天地；可有没有听过妻子要离开丈夫的怀抱，远走高飞的？大学 4 年孩子能够长期在外求学，但夫妻能分别那么久吗？有新闻提到，每年的六七月份，是中年夫妻的离婚高潮，早过了七年之痒，他们之间已经没什么感情了，只是因为孩子才勉强费劲巴力地扛着，高考结束也就顺理成章正式摊牌。好比只有生理反应而无心灵感应的植物人一样，这样的婚姻只能算是形式上的延续。有趣且具有讽刺意味的是，许多法院对有孩子即将参加高考的夫妻在孩子高考前不判离婚。如果说婚姻是从恋爱修来的一场事业，那这样的婚姻大业，可谓名存实亡，失去了它的真正意义。无爱的婚姻对孩子来说是个莫大的摧残，夫妻恩爱是对下一代最好的教育与感召，因为孩子能在耳濡目染当中获得无穷的正能量。

曹植在诗中所云："弃身锋刃端，性命安可怀。父母且不顾，何言子与妻。"古人强调忠君爱国，必要时可以"抛妻弃子"，但无论如何也不能对父母有半点不敬。妻子没了可以再娶，儿子没了可以再生，但父母只有一个，是无法替代的。大将吴起曾经为了功名而"杀妻求将"，但绝无可能"杀父求将"。始于隋唐律法的"十恶不赦”包括“恶逆”和“不孝”，这都是针对父母长辈的犯罪，是不可饶恕的；而针对妻子、子女的犯罪行为，情节就没那么严重了。

现在，夫妻关系占据了家庭关系的主导。家和才能万事兴，只有夫妻关系和谐，相互尊重、相互体谅，做到相亲相爱，共同努力打拼，才能教育好自己的孩子，才能与岳父母、公婆处理好关系，才能为身边的亲人、朋友、同事们做更多的实事。家庭不幸福的人，工作恐怕也是难以搞好的，因为他们必然将负面情绪带到工作中来。后台不牢，前台安能稳妥？因此家庭关系的和睦与否，也应当成为选拔任用干部的一个重要指标。促进全社会和谐稳定，抑制犯罪率，需要多管齐下，形成一股合力，这不仅是司法机关的任务，也是我们每个人不可推卸的义务，谁都不是局外人。家庭和睦者与家门不幸者相比，哪个犯罪概率更高？不言而喻。一些矛盾若无法在家庭中化解，便很可能会转嫁给他人和社会。夫妻同心，其利断金，法律对此给予了肯定。《婚姻法》以及相配套的三个司法解释当中较为翔实地规定了结婚、家庭关系、财产关系、离婚等事由，规定了夫妻之间有相互忠实、相互尊重的义务，努力维护和睦的婚姻家庭关系；对于父母子女之间的抚养、赡养关系，描述得较为概括。

比如，向法院宣告当事人死亡的申请顺序为：第一，配偶；第二，父母和子女；第三，兄弟姐妹，祖父祖母，外祖父母。前一顺序人如果拒绝宣告当事人死亡，后顺序人无权申请——因为法律认为配偶之间的关系是最亲近的。

有统计数据显示，中国每年的离婚人数超过三百万对，离婚率连续十多年递增，超过了结婚率增幅，这样的数字令人震惊。随着生活节奏的加快，裸婚时代、闪婚时代已经来临，婚姻家庭的组成在许多人身上似乎变得越来越简单，但婚后发现双方在生活习惯、性格品味、价值观念上相去甚远，冲突迭起，于是纷纷走向闪离的不归路，尤其是“80后”的离婚率的激增让人触目惊心。这充分反映了我国在经济不断发展的同时，一系列社会问题也随之迭出的现状。“80后”是一个特殊的群体，独生子女居多，家庭条件优越而娇生惯养，婚前觉得对方好的谁都替代不了，婚后却……所谓“人生若只如初见”“情人眼里出西施”，在热恋之时，自己眼中的爱人总是好的用任何一个美妙之词去形容都无法表达，如同繁华盛世，处处都是美好和谐的应景之象。一旦甜蜜过后，生活中繁杂的小事总会一点一点抹去当初彼此眼中的“无与伦比”，直到感情随日子流逝而逐渐消磨，剩下一地鸡毛让人叹息不已——这样的爱情同样逃不过“其兴也勃焉，其亡也忽焉”的历史周期律的支配。如果任由这样发展，我们身边将增加多少破碎之家、无爱之人。有人说，婚姻家庭的维系就是一场旷日持久的守卫战，或许会遭遇他人的介入，也可能会发现彼此的严重不足，逐渐陷入索然无味的生活中，让爱情深陷于枯竭的废井下。所以，或许只是爱情“全盛时期”里一次头脑发热便足以让你们大手拉小手地直奔民政局登记、领证，组成了家庭。但你要想清楚，这场神圣使命是一场无边际的守护，你自己便是独一无二的守护神，要想共携到老，需要的决心、勇气和耐心远远超乎恋爱中的每一次想象。无论是如花的容颜还是璀璨的光华，没有什么真的能永远留存，没有什么能够永垂不朽，世间万物总是在不断地变化，我们又怎样去追求一份坚守始终的爱情呢?

> 一个男孩结婚后，对自己的妻子居然比婚前更好。一次聚会，朋友笑他：怎么结了婚还那么腻。他讪讪地笑着说道：“我追她的时候，很多男生都想追她，有很多男生会对她好，我只有对她更好才能追到她；结婚后，对她好的男生越来越少，我只有对她更好，才能不让她失落。我所做的一切就是想让她幸福。”说完，所有在场的朋友都沉默了，心里满是油然而生的敬佩。

是否每一份爱情都逃不过“创业难，守业更难”的命运呢？当然不是。这个男孩正是用比创业更用心的心态来守业，就像永不停歇的源头活水，让这份感情始终保持最初的美好。人生若只如初见，谁都希望把初见的感觉保留一辈子啊！而你，能做到不动摇、不懈怠吗？

时间未必是杀猪刀，也可以发酵为一坛美酒，只看你如何调酿。

或许《一生有你》中的一段歌词可以为我们唱出答案："多少人曾爱慕你年轻时的容颜，可是谁能承受岁月无情的变迁？多少人曾在你生命中来了又还，可知一生有你我都陪在你身边。"再美的容颜都有变老的那一天。但其实美也好、丑也罢，或是金钱多寡，这与感情的长久与否并没有非常大的联系，而是取决于夫妻双方的互相尊重、互相理解与支持，愿意为对方做出改变。婚姻的成功，不只是寻找一个更合适的人，而是要让自己成为一个更合适的人。[1] 都说成功男人背后必定有一个支持他、关怀他的女人，当然，双方还需懂得一点点的美学，经常制造一些使生活增色添彩的浪漫情调，才不致如死水般平淡无奇。两个人必须要"志同道合"，要能找到共同话题，这样才能成为精神伴侣，门当户对不仅指物质，更多应是精神层次的相吻合，在某些方面产生心灵的不断碰撞。所谓感情，就是要有共同话题。两个人在一起，和钱没有太大关系，而看是不是在同一个频道上，不需要刻意去讨好对方，不用踮起脚去爱另一个人，更不用舰着脸去够另一

[1] 卡耐基．人性的弱点［M］．武汉：武汉出版社，2016：217.

个人，两个人在一起，舒服就好，即使聊一些很无聊的话题也不会觉得乏味。[1]“不聊天，静静散步也很美。”当然，这种“适合”完全不是与生俱来的，没有哪两个人注定是天造地设，不要说性格不合，这完全可以而且应当通过双方的全力磨合而得以贴近。比如美国总统里根，他的口才并不好，但为了赚得更多的人气，赢得民众支持，下决心提升自己的形象和人格魅力，因此他要让自己变得更幽默，但他实在没有其他手段，就找了一个最笨的方法：一天背一则笑话，最终收到良效。每一个人都可以对自己做出颠覆性的变革，切忌拿“积习已深”当借口。据科学研究，21 天就能改变一个人的习惯，称之为“21 天效应”，一个人的动作，如果重复 21 天就会变成一个习惯性的动作，从而实现由“刻意、不自然”到“不经意、自然”的顺利过渡，你完全可以从一头好吃懒做的“猪”迅速逆袭为一只勤劳的“小蜜蜂”。历史上著名的四大丑女之一的东汉名士梁鸿的妻子孟光，她虽然外貌肥胖丑陋，且力大无比，完全像一个“纯爷们儿”，但梁鸿看中了她的勤恳，两人毅然结为了夫妻，从此更恩爱有加，不离不弃，“举案齐眉”的来源就出于此。时至今天，为了纪念这一对让人艳羡的夫妻，无锡市还特地开发了梁鸿湿地公园，吸引了许多新婚燕尔的年轻夫妇来此拍摄婚纱照，以求爱情天

---

[1] 李尚龙．你只是看起来很努力［M］．北京：中国友谊出版公司，2015：160.

长地久、永不分离。

追求爱情需要“良法”。市场上不缺乏“泡妞秘籍”，比如：男生应该主动，不要怕被拒绝，但也不要急于求成；创造见面的好时机；不要急于送礼，要掌握分寸……

云南省保山市和顺古乡镇，人杰地灵，历史底蕴醇厚，鸟语花香，令人流连忘返，如痴如醉。“和顺”的寓意就是倡导家庭和谐共处，夫妻相敬。

“你我约定，难过的往事不许提，也答应永远都不让对方担心；你我约定，一争吵很快要喊停，也说好没有秘密彼此很透明，我会好好地爱你，傻傻爱你，不去计较公平不公平。”维持爱情和婚姻更需要“良法”，夫妻之间是神圣的契约关系，也应当是“长期共存，互相监督，肝胆相照，荣辱与共”的命运共同体，所以制定一个供双方遵守的契约尤显必要，这为解决纠纷提供了依据。当然，清官难断家务事，这种契约没有强制执行力，难以寻求司法救济，只能依靠双方内心的驱动力才可顺利落实，才能让每一个家庭成员获得更多的幸福感：

下班后两个人要一起做饭，即使妻子只是个家庭主妇。生活不是一个人的事，每个人都是不可或缺的，都要有所担当。

晚上外出的话最好带着老婆，不方便的话就尽早回来，不要时间太久。

在外尽量少喝酒，更别酗酒，不要抽烟，更不要在家里抽烟。

要学会装扮自己，漂亮一些、帅气一些，否则谁都会产生视觉疲劳，影响愉悦的心情。

了解对方的兴趣爱好，只要是正当的、健康向上的，就应大力支持、积极参与，配合融入其中。

互相责难是离婚的导火索，是婚姻失败的根

本；欣赏才是婚姻生活快乐的基础。[1]

记得对方的生日，还有初次相遇、第一次亲密接触和求婚的地点。

常和对方一起看电影，去有情调的饭店体验生活。

不介意为对方洗头、洗脚、按摩，爱人的身体应当用一生去精心呵护。

多进行有益的社交，多介绍自己的好友给爱人认识。

一不可忘国忧，二不可负卿卿。

两个人一年至少要去一些没去过的地方进行心灵的远行，在旅途当中增进感情交流，加深理解，拉近彼此间的距离。

情人节要送鲜花，经常给对方准备一些小礼物。

不要觉得老夫老妻了，就对一些你们自认为太表面化的东西不屑一顾。婚姻不能缺少“仪式感”，不求奢华，只求用心。这不是讲形式、走过场，而是你们日后能拿出手的甜蜜而珍贵的回忆。

夫妻发生争吵是难免的，但必须要有底线：不在外人面前争吵，不要以偏概全，切忌牵连家

---

❶ 卡耐基. 人性的弱点［M］. 武汉：武汉出版社，2016：219－223.

人，不要乱砸东西，不要轻言离婚。（好比战争法的人道主义原则对现代战争所做的限制：区分非战斗人员，不得采用改变环境的作战手段，不得虐待战俘，不得使用生化武器。）

问你想吃什么，不要说随便，这会令人无所适从。要告诉对方特定的某个菜，这样你不仅能吃的可口，还会得到很多温柔和笑容。

想他的时候要立刻告诉他，不要吝惜说“我爱你”三个字。

……

婚姻契约的缔结，是两个人互相爱慕、追求、愿意终身相许而修来的。同样，“友情契约”的缔结，是两个人互相认同、彼此价值观念一致、惺惺相惜而得到的。恋人由朋友发展而来，朋友之间也需要良法，否则的话，大家都会离你远去，你将成为孤家寡人。

三年不上门，当亲也不亲。要经常联系、定期聚聚，否则感情会越来越淡，你不是真的忙，而是懒啊！

可以开玩笑，但一定要给对方留有尊严，不要揭短，说侮辱性、攻击性的语言。

要互相帮助，但千万不要欠债不还。

多一点雪中送炭，少一点锦上添花。

别吝惜你的掌声，恰如其分的赞誉会为你赢

得意想不到的结果。

遇事多反思自己，多为对方考虑。

乐当诤友，在不损害对方面子和尊严的前提下指出他的错误，帮助其改正，而不要一味恭维。

……

爱人、朋友之间如此，父母子女之间也是如此。百善孝为先。古代经济条件不发达，穷苦人家很多，经常面临着有病无处治、吃了上顿没下顿的窘境，因此，尽孝的前提是努力去保障父母的基本温饱。过去的二十四孝，大都是为了双亲最基本生存而努力为之。现今，生活条件大大提高了，再不必卖身葬父了，因为大力提倡薄葬之风；再不必尝粪忧心了，因为现代医疗技术能解决很多疑难病症；再不必恣蚊饱血了，因为蚊帐和杀虫剂完全在我们经济允许的范围之内；当然更不可能为母埋儿了，因为这是犯罪行为。2012年，由全国妇联老龄工作协调办、全国老龄办、全国心系系列活动组委会发布的“新二十四孝”出炉：带着爱人回家省亲，与父母共度节假，常为父母拍照，至少每周通一次电话，常与父母交流，与父母共同锻炼，等等，看起来十分简洁明了，但要一如既往，绝非易事。这意味着，现今的尽孝观念，并不是定期往父母银行卡里打几万元钱就敷衍了事了，而是要求子女们付出最真心的陪伴，要知道陪伴才是最长情的告白。父母也一定是愿意坐在自行车上笑，而不愿意坐在宝马车里哭。世界上最美好的三个字，不是“我爱你”，而是“在一起”，父母不求孩子能给自己多少物质抚恤，只希望能常回家看看便足矣。

我国法律也对此表示了支持与肯定，在刚刚修改的《老年人权益保障法》中规定：“家庭成员应当关心老年人的精神需求，不得忽视、冷落老年人。与老年人分开居住的家庭成员，应当经常看望或者问候老年人。用人单位应当按照国家有关规定保障赡养人探亲休假的权利。”这以法律形式对年轻人提出了更高要求。

三、以创业之心，成守业之荣

所以，回到最初我们所说的问题，创业难，守业更难。这并不是哪个特定的朝代或是国家所面对的问题，放眼历史，包括家庭在内的每一个组织里面都可能面临决定存亡的考验，在当今社会亦不例外。古代中国各个朝代都有它的盛世，但我们有没有听谁说：中国共产党领导的人民政权达到了全盛时期？从来就没有过。即使有人说有，我们也实在不知这段时期究竟从何说起。因为，在九十多年的发展历程中，党的伟业难免会经历挫折，但总体而言，这仍然是一个不断向前超越自我的过程，是一个呈螺旋式攀升的过程。正所谓“以史为鉴，可以知兴替”，太多的往事告诉我们，由盛转衰或许只是一个春秋，或许只是一场殊死搏斗，甚至只是一个抉择便可能触发的转变，我们又要如何去避免让无数英雄因此而折腰的命运呢？

1921年，中国共产党在纷乱的时势中成立，成立之初，仅有五十多名党员。在其后的革命岁月里，有人叛变，有人离党，有人牺牲，也有人一直将共产主义作为信仰坚持革命。直至1949年，党的队伍发展为能打胜仗、作风优良的百万雄师，横扫千军渡过大江，创造了世界战争史上前所未有的奇迹，在古老的首都向全世界正式宣告新中国的成立。在党创下这一份如史诗般壮丽辉煌的伟绩以后，面对百业待兴的新中国，创业难，守业更难的问题才刚刚浮现在历史的水面。不管是在二十八年的革命道路上，还是新中国成立后的社会主义建设道路中，也曾走弯路，也曾犯错误，但九十多年来，我们始终秉持建设社会主义社会的坚定信念，发展经济，改善民生，戒骄戒躁，不断开拓进取、艰苦创业、永不停歇，用良法善治维系这来之不易的一切，让人民感受到持续不断的幸福感。这才是通向共产主义“盛世”的必由之路，或者说，我们一直向着“全盛”迈进，却相信永远无可能到达全盛之境，因为在每一个共产党人的心里，从来就没有无可挑剔的完美，只有不断地创造和实现，才能始终秉承“三个代表”，带领着全国人民走向更美好的明天。

经济建设的理性良法

要改进考核方法手段，既看发展又看基础，既看显绩又看潜绩，把民生改善、社会进步、生态效益等指标和实绩作为重要考核内容，再也不能简单以国内生产总值增长率来论英雄了。各级都要追求实实在在、没有水分的生产总值，追求有效益、有质量、可持续的经济发展——习近平

当我们做对了，没有人会记得；当我们做错了，没有人会忘记——美国华盛顿国立气象研究所

经济发展需要一套行之有效的“良法”体系。邓小平曾指出，发展才是硬道理。但是，我们必须清楚地理解“发展”二字，它是基础，更是关键。很多人对于这一概念认识不到位，将 GDP 的增长等同于发展。但这里的发展，不是唯 GDP 的发展，更是一种全面、协调、可持续的科学发展。如今我们强调创新、协调、绿色、开放、共享

的发展理念，各个要素相互作用、相互影响，共同推动社会的总体进步，而 GDP 的增长只是经济社会发展的一个组成部分而已。近几年来，人们的物质生活水平逐渐提高，社会也越来越和谐与稳定。发展是关系到百姓生活的头等大事，一丝风吹草动就会掀起大的波澜。

GDP 作为反映一国经济增长、经济规模、人均经济发展水平、经济结构和价格总水平变化的一个基础性指标，有着丰富的意义和内涵。但是，我们必须也看到它的局限性，它没有反映经济发展所带来的资源消耗成本和环境损失代价，这样的数字也是不全面的。因此，我们应当不断深化对 GDP 的认识，要取其精华、去其糟粕。取消 GDP 也是不可行的，政府的重要任务就是主抓经济，物质财富跟不上，其他都免谈。可是，我们不能让发展走入一条“死胡同”，一个国家的强大与否，不仅在于 GDP 的快速增长，更要让人们体会到内在的公平正义与善良。但是，仍旧有一些人过分迷恋 GDP 指标，环境污染、人口素质低下、食品安全等问题被暴露出来，搞一些“形象工程”“政绩工程”，甚至玩起了“数字游戏”，盲目迷信 GDP 指标会产生严重的后果。因为，GDP 不代表实际财富，GDP 上去了，人们的幸福指数不升反降，那 GDP 不过是一个毫无意义的数字而已。GDP 不仅应当有“量”，更应当有“质”，否则各种粗放式发展和低水平重复建设纷至沓来，危害甚大。

习近平说：“一枝一叶总关情，什么是作秀，什么是真正联系群众，老百姓一眼就看出来了。”“秀”的本意是展示风采、表达情感；但是，在现实生活中，我们看到好多故弄玄虚的作秀，致使群众愈发的不信任，加深矛盾与隔阂。当前很多人以“一切为了 GDP”作为理念，热衷做表面文章，创造一些不切实际的业绩，但事与愿违。老百姓的眼睛是雪亮的，他们内心有正确的是非观念，到底什么是真正的福利、什么是表面高大上，实则是空洞如也的花架子。

有时，为了完成各项任务和指标，一些地方有权任性，完全不顾老百姓的利益。2008—2014 年，某省开展了一场声势浩大的造林绿化工程，耗资巨大。他们“砍掉大树种新树”，某地区本来拥有不少高大的法国梧桐树，但政府先是以修路的名义挪走梧桐，换上香樟等树种，不满一年又拔掉重种，新树因此而纷纷枯死。植树造林是一件功在当代、利在千秋的好事，却被一些人所利用，民生工程变成“面子工程”。可是，衡量政绩的方法和制度如果不改，那么，这种作秀的行为恐怕还会继续蔓延下去。若想改变当前的状况，必须解决用 GDP 来考核官员的问题。习近平在讲话中多次提到，不再简单以国内生产总值增长率论英雄，而是强调以提高经济增长质量和效益为立足点。由此可以看出，我们正努力探索一种更为规范与科学的干部绩效考核体系。但是，仍旧有一些人觉得 GDP 考核的取消是不现实的事情，因为，它始终是衡量地方经济发展很重要的指标。在我看来，许多人并没有真正理解这一转变，不是取消 GDP，而是不唯 GDP。与 GDP 的增长相比，老百姓的生活能否得到真正的改善，这才是重中之重。仍记得在新闻报道中，一位被采访的官员说过，财政增长更实在，可以更多地投入到改善民生，哪怕 GDP 增长慢了一点，只要财政能稳定增长，我们的小日子就会过得更好。由此可见，考核政绩最根本目的并不是单纯为了实现经济的增长，而是监督他们为老百姓办实事、办好事，这才是最本质的问题；让发展的成果真正惠及于人民，让他们真切感受到幸福，才是发展的终极目标。

我们常讲的“绿色 GDP”，是在传统国民生产总值的基础上，充分考虑了资源与环境成本。它最早由联合国统计署倡导的综合环境经济核算体系提出，绿色 GDP 的定义是：从 GDP 中扣除自然资源耗减和环境污染后的数值，这也是对“保护生态环境就是保护生产力，改善生态环境就是发展生产力”科学论断的另一种生动解读。从这一定义中，我们可以得知，它在一定程度上弥补了 GDP 这一概念的缺陷。首先，它能够真实地反映国民经济的净增长。在经济活动的过程中，必定会产生两个方面的影响。其一，经济财富不断积累，推动社会的不断发展与进步。其二，过分追求经济效益，而导致生态环境恶化等消极作用。绿色 GDP 实际上就代表了国民经济增长的净正效应。其次，增强人们的环保意识，珍惜周围的环境。绿色 GDP 让人们能够更加清醒地看到经济活动开发给生态环境带来的负面效应，看到伴随 GDP 的增长付出的环境资源成本和代价。

最后，绿色 GDP 能够把经济效益、社会效益和环境效益有机地结合，让发展惠及全社会。将知识、环境、自然资源纳入经济理论研究范畴，进而取得社会效益和环境利益的双赢。

一提到绿色 GDP，会让人直接联想到环保，比如我们常讲的绿色企业、绿色食品、绿色消费、绿色出行、减少碳排放，皆与环保休戚相关，但绝不应只是环保这么简单。一些专家认为，绿色 GDP 是以福利经济学为理论基础。这就不可避免地涉及“幸福”“福利”等概念。就拿幸福来说，每个人对于幸福的定义不一样，有人认为住几百平方米的别墅是幸福，有人觉得陪家人吃一顿团圆饭就是幸福，因此，这些往往带有强烈的主观色彩，进而给绿色 GDP 的核算增加了困难。但无论怎样，绿色 GDP 的核算工作是必须要进行的一项任务。我认为，在经济增长过程中，以下部分应当在 GDP 总量中予以扣除，这样才能算堂堂正正的绿色 GDP。

一、违反法律、行政法规强制性规定的 GDP 应当绝对予以扣除

民法中提及的“无效合同”就属于此类。例如卖淫嫖娼、买卖珍贵野生动物和国家重点保护文物、制毒贩毒所取得的收益。渡渡鸟、爪哇虎、袋狼、中国犀牛等太多物种已经从地球上消失，令人痛心不已。但是，仍旧有一些

不法分子为了个人利益做出危害社会的事情。如今，买卖珍贵野生动物的手段也越来越高科技化，他们利用现在最为流行的朋友圈来从事犯罪行为。曾经看过这样一个新闻：有人在朋友圈发出一条出售猫头鹰的信息，还配有相关图片，最后被人举报而把自己推进了监狱。如果此类“财富”不坚决予以扣除，无异于鼓励违法犯罪行为。

前不久，我国销毁了6吨象牙制品，总价值超过2亿元。许多人大呼此举暴殄天物，虽然屠杀大象是一种罪恶的、非法的行为，但此时木已成舟，再付之一炬还有何意义？会造成财富浪费啊。可是，如果不“斩草除根”，狠心一点，就会让人以为这是合法的了，象牙贸易还会越来越猖獗，同时，阻止“二次犯罪”需要花费太多人力、物力。2013年年底，非洲野生动物基金会（AWF）发表了一份声明，号召全世界采取象牙销毁行动，并立刻禁止所有国内象牙贸易。因此，要将保护大象落在实处，就必须从根源上切断贸易源头，表明我国对象牙制品零容忍的一贯立场，让所有人看到：谁要是胡作非为，这就是最终的结局。因此，象牙利润必须排除在GDP之外，还有那些饱受诟病的皮草制品也是如此。

二、铺张浪费的GDP应当绝对予以扣除

一个小孩在玩耍的时候，不小心打碎了家里的玻璃，母亲顿时火冒三丈，抓起孩子便要暴揍一顿。她经济学家

的丈夫突然喝道：“不要打孩子，玻璃是碎了，但能让玻璃工人有事做了，生产一块玻璃，就创造了一份 GDP”。妻子说：“我辛辛苦苦擦的玻璃就这样支离破碎了，白白忙碌了一场，我容易吗我。”丈夫说：“你一个家庭主妇，擦玻璃做家务，刷锅洗碗做菜，对 GDP 的增长、对就业的促进能做出什么？实在没啥可珍惜的。”妻子听了目瞪口呆……

> 乌托邦国陷入了经济大萧条，工厂停工，失业率居高不下。此时，一位经济学家提议：面对这样的局面，必须人为地制造一场灾难来扭转当前形势。于是，根据他的建议，政府在市中心城区道路上挖了一个大坑，再找人将大坑填好，于是，制造铁锹、生产木材和钢铁的企业纷纷开工了，工人们的工资也发下来了，死水一潭的市场瞬间被激活，经济社会开始回归正途。

这样的“破窗理论”“挖坑理论”由来已久，按照这位经济学家的观点，玻璃虽然没了，但要做修理更换，刺激了需求，创造了新的 GDP，未尝不是一件好事。我小时候，曾和老师探讨这个问题：“中国穷，为什么穷？因为没钱，所以就应当印钞票啊，印他个几千几万张，每人发一麻袋，大家不就有钱了吗？不就摆脱贫困了吗？”老师笑了：“这样不行，因为可供购买的商品数量是固定的，如果钞票太多，价格必然会随之水涨船高，人们手中的货币就会因此而贬值的”。我颇不以为然地说：“那国家可以下一道死命令，禁止商品涨价不就行了吗？”小时候不懂经济的我真的是很傻很天真可笑呀。想想啊，如果某天你像鲁滨逊一样漂流到某个与世隔绝的荒岛上，即使给你摞成喜马拉雅山之高的票子，恐怕你为了煮饭还得拿它们当柴烧。

有的人完全不懂经济，甚至是别有用心，竟然抛出“灾难拉动”GDP的荒谬理论。其实稍加思索，经济发展哪能够会如此简单？“灾难拉动经济”的学说，比我梦想着靠钞票来发家致富的想法还要傻，还要天真。汶川地震就是一个很好的例子。有人在新闻报道中认为灾后重建可以拉动当地经济，是灾区发展的一个重要机会。我们不可否认的是，灾后的一些投资在一定程度上可以带动GDP的增长。但是，在这次地震中，有多少生命离去、有多少房屋倒塌、有多少家庭妻离子散，难道这些也不应该去考虑吗？因此，这种罔顾常识、玩弄术语的说法必然会遭人鄙视，他们把灾难看成了机会，毫无理性可言。按照上面那位经济学家的说法，其意义在哪里呢？不过是拆东墙补西墙罢了，只能起到南辕北辙的反面效果。这就涉及另外一个名词——机会成本，得到了这个，就必然会失去那个，把钱用来修补玻璃，就丧失了吃饭、游玩、购物的机会。

“开源”与“节流”哪个重要？当然是同样重要。开源是前提，节流是后续的保障，如果忽视了节流，那面对的就是一个足以吞噬一切的无底深渊。中国从200多年前的康乾盛世帝国，到1949年时，居然沦为一个一穷二白的弱国，这究竟是为什么？是因为无数财富在一次次战火中毁掉了：两次鸦片战争、太平天国运动、中法之战、甲午中日战争、八国联军侵华、国内军阀会战、日本全面侵华、三年内战，不计其数。这便是对国家财富的巨大“毁灭”、对百姓生活的深重灾难。可血淋淋历史的教训似乎还没有为许多人敲响警钟，现今的一些“小毁灭”，往往没有被当回事。GDP是“国内生产总值”，“生产”的主题是开源，但往往忽视了节流和生态保护。有人说，我们建大桥是GDP，让大桥塌了拆了又是GDP，再建一次大桥还是GDP，但真正的财富只有一笔。这句话形象地说明了财富的损失。有的地方毫无文化传承与文物保护的观念，拆除古城墙、老房子，而后建成一排又一排的新楼房，此时的GDP，应当将古建筑的历史、人文、旅游价值扣除，建造一栋高楼创造10亿元的GDP，但是，被拆的古楼有50亿元的历史价值，那么GDP就是负40亿元，不升反降。

古建筑是民族精神的载体，是任何事物都无法代替的，它们身后都凝结着浓郁的文化，载托灵魂，提供认同，增强自信，这就是古建筑的真正意义和价值。没有文物，就没有历史，你就失去了独当一面的旌旗。我们司空见惯了城市里的高楼大厦，这时候一栋碧瓦朱檐的古建筑映入眼帘，我想你一定会“啊”地叫出声来。我的母校云南大学被评为中国十大最美校园之一，其发达的教育实力与人文历史环境是基石，吴文藻、费孝通、冯友兰、楚图南、熊庆来、李广田、施蛰存、钱穆、白寿彝、陈省身、张若名、梁从诫都是优秀校友，其优美端庄的校园环境更是鲜有能及的资本所在，凡到昆明旅行的外地游客，总会前往翠湖之滨，一睹云大的暗香疏影、丹楹刻桷。这里意趣浓浓，有象征云大“会泽百家，至公天下”精神的主楼会泽院，有林徽因设计的映秋院，还有与周总理颇有渊源的怀周楼，闻一多先生进行“最后一次演讲”的至公堂，这一切代表了云大自身的文化底蕴、代表了对先辈的尊崇、代表了对历史的传承，是多少钱都换不来的无价之宝。如果某一天学校有关人员头脑发热，将推土机开入校园进行一次大拆大建，摧枯拉朽般来个“旧貌换新颜”，就等于把自己推向了地狱。

宏观经济学鼻祖凯恩斯说：“节俭不是美德”。这恐怕与我国传统观念大相径庭。我们常说，“谁知盘中餐，粒粒皆辛苦”“历览前朝国与家，成由勤俭败由奢”“一粥一饭，当思来之不易；半丝半缕，恒念物力维艰”。按照经济学的观点，储蓄增加对个人有利，但会导致社会总需求的下降，引发萧条危机；只有尽可能多消费，经济才能走出低谷，迈向繁荣。其实，二者根本不矛盾，只需正确把握其精髓内涵，掌握一个平衡的艺术。我们应当根据自身的经济条件来设计一个消费理念，不能采取不当的节俭方式：如果锅碗瓢盆、牙刷毛巾、内衣内裤经常不洗不换，就会滋长细菌，对健康不利——这不是节俭，而是守财奴式的生活陋习，无原则的节俭是一种更大的浪费。赚钱就是为了能够消费，若是王思聪们都不去开劳斯莱斯，不去品尝满汉全席，豪车就无人问津了，奢侈品商店就要关门歇业了，不是人家炫耀，而是我们太落伍。掌握花钱的技巧，往往能赚到更多的钱，光靠工资和储蓄是很难发家致富的，这就要学会理财、投资，用钱来生钱。如果谁也不去消费，此时银行就要采取积极的货币政策以应对大萧条的危机。当然，一定要使自己手里物品的效用得到最大限度的发挥，资源是稀缺的，经济学最讲求资源的合理配置。“节约便士，英镑自来。”李嘉诚、王永庆富可敌国，却依然克勤克俭，因为他们有着强烈的社会责任感。温家宝总理曾说：“人多、不发达，是中国的国情。一个很大的总量，如果除以 13 亿，都会变为一个小数目。”但相反，每个人节约一点点，13 亿人就是一笔极为可观的数字。钱是你自己的，但资源是全社会的，还有那么多人在忍饥挨饿，还没有脱贫，我们没有铺张浪费的理由啊。

央视《新闻 1 +1》披露餐饮业浪费惊人，浪费粮食数量可养活 2 亿人。比如你去饭店就餐，点了一桌子菜，无论你是饱餐一顿或是弃如敝屣，GDP 都不会有任何变化，因为在商品交易完成之后，GDP 就已形成。当然，作为经济学最基本假设的“理性人”，很少会有人会将饭菜直接扔掉，但中国人热情好客的性格是宁可浪费也不能伤了感情。“浪费”二字在许多人心中根本没有明确的意识。自始至终，他们总会觉得这是在充分考虑自身健康的情况下做出的正确反应，若是肚子根本没有足够容量，何苦再做一个“大胃王”来庸人自扰呢？虽然浪费不是罪，但是，我们必须回过头来看，如果你能稍稍用点心，量入为出，精打细算，吃多少点多少，那么浪费现象就不会出现。如果你将省下的钱改作他用，在别的地方得到消费，是不是更加高效实用？是不是更能给自己、也给别人带来幸福感？每一笔消费都应该使销售者和消费者得到双赢。若在健身房办会员卡，却一年也不去几次，这种发展模式只是一方受益，是畸形的。据报道，中国一年“舌尖上的浪费”，就达 800 万吨，够 3 亿人吃一年。“浪费是创造 GDP”的想法，必须得到根本性的扭转。因此，餐桌上浪费的饭菜，应当在 GDP 中扣除，比如你用餐花费 100 元，但浪费的饭菜有 40 元，GDP 应按 60 元算。

三、破坏生态环境、危害人类健康的 GDP 应当绝对予以扣除

生态文明既包含人类保护自然环境和生态安全的意识、法律、制度、政策，也包括维护生态平衡和可持续发展的科学技术 、组织机构和实际行动。如果从原始文明、农业文明、工业文明这一视角来观察人类文明形态的演变发展，那么可以说，生态文明作为一种后工业文明，是人

类社会一种新的文明形态，是人类迄今最高的文明形态。[1]有时，人类无法正确认识我们与大自然的关系。人与大自然绝不应是对抗，而是保护并与之和谐相处的对象。有时我们只是一味向大自然索取，却未曾感恩过它所恩赐于我们的一切美好生活。当前，一些经济活动已经影响到我们赖以生存的空间环境，包括大气、土地、海洋。PM2.5，一个被广泛谈论的词汇，逐渐走进了人们的生活，雾霾是什么、从哪里来、我们怎么办，简单的三个问题，无比深刻，叩击所有人的心灵。一项项翔实的数据背后是严谨的调查取证，煤炭和石油的无节制使用，工业的大发展带来了一系列环境污染问题，触目惊心——肺癌、心血管疾病甚至过早死亡，这些都为人们敲响了警钟。因此，无论多少企业创造了多大的 GDP，都应该将其产生的危害扣除。有些煤炭企业存在安全隐患，生产事故时有发生，工人的安全根本无法得到保障，那么，这样创造出来的 GDP 是没有一点人情味的。

环保与经济发展是统一的，不是对立的、矛盾的。

但是，对于环境保护和经济发展的关系，很多人存在错误的认知，“先污染，后治理”的思路仍然没有得到改变。可想而知，脏乱差的城市难以完成招商引资的重要任务，众多的企业在选择投资地点时，会综合各方面的因素，良好的环境就是其中之一，否则有谁还会去把大笔的

---

[1] 俞可平. 偏爱学问［M］. 上海：上海交通大学出版社，2016：188.

金钱砸到这样的地区呢，明明知道是火坑，仍旧往下跳的人十有八九是弱智吧。除此之外，高学历、高素质的人才选择在一个地区发展，看重的是这个地区的发展潜力，连环境保护都做不好的地区，能有什么前途呢？人们会说，没本事的人才回到这样脏乱差的地区定居。因此，越来越多的本土人才选择向外发展，试图寻找更好的机会。精英都流失了，剩下的只是一些能力平庸之辈，这样的地区，如何谋求发展？

同样，一个环境不整洁的单位是留不住人才的，因为它会影响工作者的心情，让人焦躁不安。当看到杂物遍地、灰尘漫天的工作环境，试问，你还有什么动力去鼓足干劲力争上游呢？一个卫生条件良好、人性化的服务设施完善的单位，员工的工作热情高得多。银行就是一个很明显的例子，它之所以能吸引到那么多名校毕业的高才生纷纷投递简历，不仅在于它雄厚的资本与实力、良好的福利与待遇，窗明几净的工作环境氛围绝对是不可或缺的一环。一进银行大厅，地面光滑剔透，玻璃一尘不染，面带微笑的服务人员，让顾客心情顿觉舒畅。越是在整洁的环境之中，就越是干劲十足。墙壁是非常重要的一个方面，而这恰恰是容易被忽视的。墙一定要刷白扫净，不行的话可以贴壁纸或是镶瓷砖。虽然不至于“抬头见老鼠，低头见蟑螂”，但“抬头见蛛网，低头是黑脏”同样无法忍受。墙壁若满是成片的污渍、脚印，特别容易对员工心情产生负面影响，干劲越来越低下，甚至是甩手走人，严重影响企业的效益提高。舍不得投入，往往会失去更多。

风水学中有这样一个观点：家不整洁财神不进。脏乱差的地方，财神爷都不会去光顾了。这绝非是迷信，事实的确如此。有些人的外表无比光鲜亮丽，生活中却是意想不到地邋遢，自理能力差，将自己的小窝弄得像废品收购站一样不忍目睹。家是心灵的港湾，要多带朋友坐坐、聊聊并亲自下厨，以此增进友谊，促进事业的发展。如果你的家中到处堆满了乱七八糟的杂物，连个落脚的地方都没有，别人来了第一次，便不再想二次光顾了，这样还怎么吸引益友们“常来家看看”呢？真正能够吸引他人的绝对不是一场经过圆满策划的 Party，也不是嗨爆了的热闹气氛，而是一个温馨舒适的居住环境。如今，现代人面临着越来越大的压力，升职压力、工作压力、生活压力，他们都在寻找一个令人放松的安静空间。因此，如果你能把家里收拾得干净利索、有条有理，定会吸引同事和朋友的光顾。与此同时，人脉资源随之而来，有了朋友的帮助和支持，还愁事业发展吗？

“包装经济学”是一个越来越值得研究的话题。我们都知道买椟还珠的故事，它用来讽刺某些人舍本逐末，不识真货，强调“外表胜于内在”，可如果换个角度而言，为何卖珠者在这次营销中大获其利，就是在于其独特的外包装效果恰到好处地迎合了客户的心。酒香也怕巷子深，如今人们不仅关注商品的物美价廉，对包装也有越来越高的要求。质量和价格大体相同的两个商品，包装更引人注目的一定会获得更多的市场占有率，这就要求生产设计人员具有独特的审美观念、艺术禀赋、创新意识，在视觉、手感方面做文章，以达到良好的效果。

以上都是经济、企业与个人发展之“良法”。

烟草行业也是一个很好的例子，它已成为中国经济社会最大的“健康危害型”产业。烟草行业虽然为解决就业和贡献税收出了不小的气力，但其危害更不容小觑。有数据显示，2005 年烟草产业利税总额为 2400 亿元人民币，相当于当年 GDP 的 1.30%，但是因吸烟引起的直接和间接成本保守估计高达 2526 亿元，相当于当年 GDP 的 1.37%，其经济效益为负值，约为 126 亿元。近几年来，这种社会负效益还在不断扩大之中。吸烟的危害有很多，包括体质下降、疾病增加、寿命缩短、殃及后代等。由此看来，应当把对人体造成的损害予以扣除。同样，在商店里买了饮料、小食品，拉动了消费，创造了 GDP，但如果这些食品对人体有不利影响，则应把这些危害扣除。如今，很多严重的社会问题仍旧层出不穷，得到越来越多人的关注。在不断攀升的各种数据中，不仅要看到未来发展的前景，而且也要注意背后存在的问题。一些不良的生产者为了追逐经济利益，使食品、药品安全问题凸显出来，人们身边产生了更大的危机感。放到整个国家而言，食品安全问题越来越引发关注，安全权是消费者权利中最为首要的权利。吃下肚里的食品，不敢奢求一定要对人体有多大的帮助，但一定不得有害，这是最起码的一条底线。

人们常说方便面、罐头食品、碳酸饮料会导致骨质酥松，加重钙流失，如果此事属实，它们带来的一些危害，应当扣除。他们虽然不像三聚氰胺、苏丹红那样破坏性极强，但同样不得不引起重视。比如买1瓶饮料创造了3元的GDP，但如果饮料对人体造成等值10元的危害，这样GDP为负7元，同样不升反降。许多人说在外就餐不太卫生，但忙碌的生活节奏让城市人未必有时间精力在家下厨，大都只能靠在外解决。因此，国家应当以最严格的标准来对待食品安全问题，应当随时对每一家饭店进行检查，若发现所做饭菜不符合最低安全标准，就立即予以警告、开出高额罚单甚至关停，什么时候改好了，什么时候再重新开业。与人民切身利益直接相关的东西，切不可马虎了事。我们应当本着对人民健康高度负责的态度，只要想管，就没有管不好的事。

四、其他与社会公平正义相冲突的GDP应当绝对予以扣除

公平正义是和谐社会的基础，否则，GDP发展得再快，也不可能有真正的社会和谐。对于中国的老百姓来说，飞涨的物价和生活的压力会压得人喘不过气来。房地产行业是受国人关注最多的行业，没有房子就没有一个完整的家。“租房结婚？做梦去吧！”一所房子不仅仅代表着一种安全感，更重要的是心灵的归宿。我们还可以看到，

由于城市的人口越来越多，造成了城市用地紧张，因此，为了在较小的范围内创造出更大的使用面积，高层建筑就应运而生。它是城市快速发展的产物，让更多的人住有所居，体会到足足的幸福感。

现在，高楼大厦并非北上广的专利，而是大规模往二三线城市扩展，甚至小县城也是万丈高楼平地起，呈愈演愈烈之风。我们必须看到，它为社会带来的一系列的问题。高层建筑剥夺了城市居民的日照和自然通风，对城市街区和周围气候环境造成很大影响。许多地方建造无数的高楼大厦，黯淡无光，密密麻麻，恨不得见缝插针，占尽每一寸土地才罢休。这带来了巨大的愁云惨淡感，采光问题尤其让人头疼。这样的小区会给居民带来幸福感吗？果不其然，其后果“立竿见影”：全国多个城市楼盘冷清，鬼城遍地开花，甚至导致一些短命建筑未投入使用多久便在爆破的轰隆声中香消玉殒。因此，控制楼层高度，保持楼间距，扩大绿地面积，注重小区周边基础设施建设，给居民创造一个宽广舒适的宜居环境，这才是我们应该做的。否则，那只不过是一片与世隔绝、远离文明的精神孤岛。

盲目扩建高楼的弊端显而易见，建造一栋高楼，创造了 1 个亿的 GDP，但由于妨碍了多家居民采光，造成了不利影响，应当扣除比如 2000 万元，因此最终 GDP 按 8000 万元算，即打八折。绿色 GDP 就是要扣除“管理不善”引起的经济损失成本。

其实，关于GDP的扣除方法，自其诞生之日起便已有之：第一，GDP只计算最终产品，中间产品不计入，否则会造成重复计算。因为中间产品只是一个过渡，消费者直接享用的是最终产品，商品价值的实现是依靠最终产品来完成的。比如，家具厂向木材厂购买10吨木材而后加工并制成家具卖给买方，此时，家具是最终产品，只将家具的价值计入GDP；倘若家具厂将这10吨木材用来烧火取暖，那么木材就成了直接消费品，是最终产品，此时计入GDP。第二，GDP仅计算一次，第二次便不计入。比如，我从超市买了一部手机花了4000元，不久后我又将手机以3000元的价格卖给了另一人，此时，只能将第一次消费的4000元计入GDP当中，否则的话，你懂得，呵呵。

美国经济学家萨谬尔森和诺德豪斯在他们的著名教科书《经济学》中指出：国内生产总值是20世纪最伟大的发明之一。最伟大的发明于情于理更应该为人类创造出更大的价值，GDP作为衡量一个国家或地区发展水平的重要标志，如今，是该它考虑净化一下自身了，不应紧紧盯着钱袋子，否则实显冷血，这个国民经济最重要的考核指标应当是社会正义的体现，而不能被扭曲地对待。政绩观出了问题，考核方式的扭曲，后果是极其致命的。这就要求我们在促进经济强劲增长的同时，对GDP有一个更客观清醒的认识，看社会、看环保、看科技、看人民生活幸福指数，唯有如此，才能真正提升经济发展的质量，巩固人民的幸福感。

股神巴菲特说："评价一个人时，应重点考察四项特征：善良、正直、聪明、能干；如果不具备前两项，那后两项会害了你。"如果说，经济学让人聪明能干，那么，法学就能使人变得正直善良。市场经济是法治经济，经济与法不可分割，经济的发展需要用良法善治的基本理念去加以规范，就是要树立实事求是的态度，脚踏实地的工作作风。制度的作用是无穷的，GDP 的考核方式影响其质量，好的政绩观与考核标准是鼓励人进入良性轨道。同时，提高发展的质量来高效率积累国民财富，促进政府职能的转变。我想 GDP 仍然是最重要的经济指标，而盲目进行 GDP 的扩大化就是一种作秀的行为，只有将其不合时宜的部分予以扣除，才能更好地整顿吏治，从根本上改变有些扭曲的政绩观，才能让 GDP 更好地为国为民造福。我想这才是经济社会的真正"良法"之所在。

健康良法势在必行

保持健康是做人的责任——斯宾诺莎

老来疾病，都是壮时招的；衰后罪孽，都是盛时造的——洪应明

一、失去后才懂得珍惜

健康是人最宝贵的财富，它用金钱买不到，用权力换不来，在拥有它的时候，常常忽略它的重要性，甚至做出很多伤害它的事情，当失去它的时候才幡然醒悟，痛苦哀叹："曾经，有一份真挚的健康摆在我面前，我没有珍惜，等到失去的时候才后悔莫及，尘世间最痛苦的事莫过于此……如果上天能够再给我一次机会，我一定会倍感珍惜，如果要加一个期限的话，我希望是……一万年!"

失去后才懂得珍惜，但一切似乎已经来不及，尤其是健康已完全被病魔吞噬的无可救药，面临的只有死亡。谈

死色变，这是人类至今都无法克服的恐惧，在这个恐惧还没有到来之前，却不懂得预防，只有在死亡临近才做最后的困兽之斗，再没有比这更加悲哀的结局了吧。

从古至今，人类从未放弃过对长生不老的探索，因为惧怕死亡，舍不得、放不下，不想离开这个世界，幻想长生不死，可是往往都想一出是一出。很多帝皇对长生不老的追求可谓是穷其所能，其中秦始皇求仙之心最为家喻户晓，他雄才大略，结束春秋战国诸侯割据称雄的局面，而又一心想成为长生不老的神仙，为了实现这个千秋大梦，他残忍践踏生命，派千名童男童女下海寻找长生不老的仙药，历经无数挫折，始终都不死心。除了秦始皇，还有很多皇帝为求永延帝祚而痴心不悔，他们幻想坐拥江山就可以用权力换来青春永驻，却不曾想到萎靡的生活正让他们一步步朝死亡走去。中国历代帝王的平均寿命仅有39岁，长寿者不多，短命者不少，超过80岁的只有萧衍、武则天、赵构、忽必烈、乾隆这五位，70～80岁的也仅有孙权、李渊、朱元璋等十余人，由此看来皇帝甚至是一个极其危险的职业，是十足的“弱势群体”。

古时帝王对长生不老的欲望膨胀，是被封建迷信所蛊惑，也是人性使然。而随着人类文明的进步，科学技术慢慢解开了生老病死的奥秘，谁都违背不了自然规律，人最终还是要老去，最后归于尘土，不会再相信长生不老的传说。对于每一个人的离去，大都查得出是因何所致，医学的发达也让很多顽疾治愈，让人重获新生，恩同再造，人类的寿命也比过去长了很多。中国古代的人均寿命是：夏商18岁，汉朝22岁，唐朝27岁，宋朝30岁，清朝33岁。古代医疗技术落后，对现在来说是不值一提的小恙，放在过去就是无药可救的绝症；况且古代战乱频发，许多人在战火中丧生，非正常死亡现象极其普遍，这大大给人均寿命拖了后腿，超过60岁就算高寿了，现在人类的寿命大都可以延长到七八十岁，有的甚至超过百岁。

在先进医学技术的支撑下，现代人更是熟视无睹，人们的潜意识认为没什么大不了，很少把健康放在心上，直到挥霍殆尽，才知道曾经是多么的幸福。这样的悲剧每一天都在不停上演，似乎我们身边每一个人都存在对健康重视不足的问题。其实稍稍一想：医学发达又怎样？等你亲身体会到“医学发达”之日，正是你身入病床之时。当一个国家经济发展很好，人们的物质生活水平也得到了提高，但国民体质每况愈下，这个国家尽管当下很繁荣，前景也不会光明；国民的身体素质不合格，这个国家离兴旺发达之路也是渐行渐远。父母体质不过关，将缺陷遗传给下一代，这是多么不负责任的所作所为。除此之外，工业文明也给人们的健康带来很大威胁，大多数国家在发展经济的同时都不同程度地破坏生态环境，居住环境被恶化，食物被污染，发生在日本的“水俣病”事件、洛杉矶光化学烟雾事件等，都给快速发展的经济蒙上了一层挥之不去的阴影。

2014年我国出炉了一份关于我国人口健康统计的《中

国人健康大数据》：许多人或多或少都存在着健康问题，而更令人担心的是许多人自诩金刚不坏之身，其实是对自身状况没有一个正确而清醒的认识。仗着年富力强，肆意挥霍，等到疾病来袭，才幡然醒悟，可悔之晚矣。

《中国人健康大数据》的统计数据显示，中国高血压人口有 1 亿多人，糖尿病患者也有 1 亿多人，因患癌而死的人数占全球的1/4，多半的年轻人存在亚健康状态。这组数据令人十分触目惊心，面对严峻的局面，有的人可能担心不已，并开始去医院做体检，看身体有没有问题，当被告知没有大碍，心中的那块石头被放下，然后又继续挥霍；有的人可能不把那些数据放在眼里，觉得中华大地人多势众，怎么也不会轮到自己，仍旧麻木地过着自以为是的生活。

不管怎么样，我们都要正视事实，冰冻三尺非一日之寒，统计上写的健康问题未必与生俱来，更多是生活上一点一滴坏习惯不断堆积叠加所造成。被誉为天之骄子的大学生，就在宝贵的四年当中不知不觉地毁掉了身体：通宵玩乐，吸烟喝酒，饮食不科学，久坐不起……一旦患上绝症，便只能听任死神的摆布。梅艳芳、李钰、王均瑶这样的明星富豪们都难逃劫难，更何况是生活在底层的人们。普通百姓家庭中一旦有人被宣布患上绝症，除了砸锅卖铁做最后的挣扎，剩下的只有空悲切了吧。一些困难人家无钱治病，但为了让自己让家人活下去，就可能铤而走险、违法犯罪，虽然其情可悯，仍旧逃脱不了法律的惩罚。对社会而言，这是潜在的极不安稳的因素。

防治要结合，但还是要以预防为主。如果大家能有防患于未然的意识，总比大病来临时的茫然应对要好得多，平日里多注重保养防护，绝对胜过事后的治疗。但是如何才能防患于未然，很多人完全是个医盲，以至于事前懵懂无知，长期保持不健康的生活作息习惯；事后病急乱投医，不是死于疾病，而是死于无知，走得很无奈。可悲可气的是，人群当中广为流传着一些歪门邪道的论调：不干不净，吃了没病；吃光花光，身体健康；饭后一根烟，赛过活神仙。这些传言实在是令人耳不忍闻，如果鲁迅先生还在世，他也许会重拾旧业，直面那血淋淋的惨淡人生，用医生的敬业精神，挥手写下几篇振聋发聩的医学杂文，力图拯救国民于健康危机中，可惜现在鲁迅先生已经不在，此时国家应该扛起这个责任，人民对健康有正确的认识，才能在民族伟大复兴的征程中以健康的体魄继往开来。

在这里让我们再重温一下古时那个劝勉人们预防疾病的故事：扁鹊是中国古代十大医学家之一，医术非凡，魏王接见他时，扁鹊说，我有两个哥哥，都是医生，兄长医术最好，二哥其次，我最差。

魏王很奇怪，说："那为什么你的长兄默默无闻，你的二哥只是小有名气，反倒是你声名远播呢？"

扁鹊回答："我的长兄总是治病于发病前，我的二哥治病于发病初期，而我却治病于病情恶化之后。"

从这里可以看出，事前控制比事中控制更重要，做好事前控制，能起到事半功倍的效果。这个道理很多人都懂，却不会去践行。现在，人们关心的大多是房子、票子和怎么找一个称心如意的对象定下终身姻缘，往往不会把健康这个关乎生死存亡的事情放在心上。许多年轻人仗着自己年富力强，觉得一点儿小事算不了什么，反正自己还年轻，总以为还有很多资本。有句话说得好：人这一辈子能吃多少饭，能喝多少酒，是有定数的，一旦超过可承受范围，身体便以疾病的方式发出强烈预警，健康问题就这样慢慢累积，直到有朝一日爆发出来……

很多时候我们看到许多正值壮年，在人生各个方面都处于顶峰时期的人，直到某天突感身体不适，各项检查做完后，然后接到一份被判决死刑的通知书。太多太多的病症已不完全是中老年人的专利，越来越多的年轻白领、职场达人发生非正常死亡的悲剧，此时我们除了发出“一路走好，愿天堂没有病痛”之类寄托哀思却无甚大用的话，还应做些什么呢？因苹果公司享誉全球的乔布斯、广大民众喜欢的央视主持人罗京、曾给我们带来无数欢乐的中国香港的 TVB 影视主持人沈殿霞……噩耗传来，我们都深感痛心惋惜。创新工场的李开复先生在 2013 年 9 月对外宣布罹患淋巴癌时曾留言：“光环笼罩，站在人生巅峰；而在癌症面前，人人平等。”他告诉我们人生有多少财富不是最重要的，重要的是拥有健康，尽管是普通老百姓，只要拥有健康的体魄就拥有最大的幸福。

人的一生有好多追求，财富、事业、爱情、友情、家庭……但无论我们追求多少、拥有多少，如果失去健康，一切都将没有了意义。如果我们追求的是1亿，那么健康是前面的1，妻子、孩子、位子、票子、房子、车子是后面的0，如果1没有了，后面的0再多也没有用。健康不是所有，但没有健康，一切都会离你而去。婚礼现场，司仪总会问新人这样一句话："不论是富贵还是贫穷，顺境还是逆境，年轻还是衰老，健康还是疾病，你都愿意永远爱他、敬他、呵护他、对他真诚、不离不弃吗？"此时，好多新人说"愿意"二字的时候，其实都是违心的，抱着一千一万个不愿意："反正人总是要变老，也要经历不少逆境，贫穷倒还能接受，但你要敢给我生一场大病久治不愈？哼，趁早从哪来回哪去吧！"

俗话说贫贱夫妻百事哀，但疾病夫妻就是万事哀了，有啥都别有病，否则，即使再深的爱，都可能被透支一空。试问谁愿意让一个病秧子成为自己的爱人呢。我们听过这样动人的爱情故事：美丽的富家小姐不顾世俗的反对，毅然决然嫁给了他欣赏的穷小子，最后过的还很幸福——但是我坚信，她可以接受穷小子的贫穷，也可以接受他的逆境，但绝不可能接受他的疾病。健康是一种责任，人不能仅为了自己而活，也应当为了身边最爱的人而活着。你是家里的天，对于你的爱人、父母、孩子，你是能够被别人代替的吗？"舍小家顾大家"的提法并没有错，但这两个家绝不是对立的而是统一的。人不可似樱花般开得绚烂，存在的短暂；而要像一棵松柏，岁寒而后凋，没有那么婀娜多姿，但绿色常在，活力常在，巍然傲霜雪，细水长流。这里不得不吐槽一下我们的教育：从小学到高考，数学一直都是最重要的学科，从小学入学第一天接触 1+1=2，而后到越来越深的百分数、方程式、几何图形、数列、函数，都是环环相扣，层层叠加，系统完备。却从来没有过哪怕一门正规的健康教育普及，成天呐喊“学好数理化，走遍天下都不怕”，可是，如果连走遍天下的基础都丧失无遗，即使你是高斯、法拉第和门捷列夫的合体，也是寸步难移。所以，为了自己、为了家人、为了亲朋，保健养生从现在做起！为了号召全民养生，国家应该着手“健康立法”，用以拯救无数人于“不健康”的水深火热之中。

二、养生、保健“无法可依”的乱象

我们可以清楚地看到，社会上缺乏统一的标准，人们对养生、保健的东西各执一词，争论不休，国家需要进行统一界定，给出权威性的指导，以彻底消除人们心中存在已久的疑惑。当前社会上很多关于健康的问题都存在极大争议，总有人“造谣”，也会有人站出来“辟谣”——到底谁说的对？在这里打下一个大大的问号。比如手机辐射，有人说会对人的中枢神经系统造成损害，甚至会致癌，警示人们千万不要放在脑袋旁边，我们应当避免长时间接听电话，并远离充电电源。但也有人说，由于头皮和头骨的阻隔，手机对大脑的辐射微乎其微。到底应该信哪个？

都说生命在于运动，久坐是百病之源，可有人发表了一篇名为《生命在于运动这句话害了多少人》的文章，该文指出：老鼠、豹子好动，结果寿命短，大象、乌龟喜静，寿命却很长。运动员、武术家寿命短，许多爱好吃喝的人反而寿命超过 90 岁，还有人发表了更可怕的《晚上运动等于慢性自杀》，到底应该信谁的？

还有人说手机长期置于裤兜之中会使男性精子质量下降，导致不孕不育，因此一些男人不敢将手机放入裤兜；可也有许多人说这点点微小辐射实在是微不足道。这个时候，还没有当爸爸的男人们手脚又乱了，到底要不要把手机放到裤兜里？对于这些问题很是纠结。

市场大环境下，书市里绝不缺乏医疗养生的书籍，但是这些丛书或类似的书鱼龙混杂，真实性未必有多高，且总是受到质疑。正所谓人微言轻，即使书中观点大部分是对的，但人们对其的信任度依旧十分有限。而且书籍太多，眼花缭乱，到底看哪本才好？哪本才可信？在大量信息轰炸下，人们干脆自己过自己的生活，再也不想花费太多的精力周旋在真假信息中，依据着自己半知半解的健康养生理念，继续我行我素。

面对这样的浩如烟海，我们显得太小太小。苍天啊，哪一本才是我的“良法”？谁能给我答案？

当下备受追捧的微信本来是一个很好的沟通和传播工具，不仅方便了人与人之间的交流与沟通，更是极佳的学习渠道，在无聊时可以进行浏览，利用零碎时间充电。在微信上出现了很多关于养生的公众号，健康“鸡汤”经常在朋友圈中刷屏，只要轻轻滑动手机，就可以随意浏览。可网络文章太过碎片化，流传在朋友圈中的养生帖总是铺天盖地，简直让人无法呼吸，处于高度紧张生活中的人们忙得连去辨别真伪的时间和兴趣都没有，匆匆一眼看过之后便立即忘于脑后。许多人觉得，微信里传播的东西大多都是广告，其真实性很值得商榷，扫一眼就拉倒，若还有印象则作为饭后谈资，得到同伴认同，心血来潮时或许验证一下；若碰到同伴否认质疑，则一笑置之，根本不会采取有关行动。就像“布利丹毛驴”，可选择的多了，反倒没了路。

朋友圈里的帖子，有些甚至是主观臆测，有很多的误导性。根据健康专家及营养师的分析，“微信养生”里分享的养生经验明显夸大了一些药材、食材的作用，甚至不负责任随意配方，毫无科学根据。微信朋友圈上面的很多养生帖子，标题都很唬人，让人忍不住想点击进去看个究竟。其实，只要仔细一看，稍加辨别，就会发现其中很多是“伪养生知识”。[1]

在信息泛滥的大数据时代，人们获取信息的渠道多了，却不知道该相信谁。南京医科大学的高兴亚教授提

[1] 美食网．朋友圈的养生帖有几条是靠谱的［DB/OL］．(2014－11－12)［2015－06－21］．http：//www.78ms.com/a.php？id＝21663．

出："养生经涉及复杂的医学科学知识，要让绝大部分居民能掌握这些知识显然不现实，所以，这就要依赖于国家层面的立法，对涉及严肃的医疗、药物、养生等方面的营销推广，予以科学规范，禁止这些'不靠谱'或者不太健康的养生声音或谣言的流传。"这个时候只要国家给出权威答案，就能够让人们放下种种戒心和疑心，大胆付诸实践。当然，不少领域还存在着空白和广泛争议，可如果连国家也拿不准的东西，就请那些人别在书中和微信朋友圈胡说八道了，你们凭什么在那肆意信口开河呢？是为了赚眼球还是想故意误导别人？别有用心吧！

缺乏权威信息的指正，不利于家庭关系的和谐。家庭成员的健康是我们的追求，我们都害怕疾病夺去自己亲人的生命，所以尤为关心家人的生活、饮食习惯是否正确。但因为每个人的健康养生想法不同，日常生活中常常发生口角，尤其是老年一代的饮食习惯和年轻一代的健康理念也不一样，一旦协调不好，小矛盾越积越多，冲突也随之而来：比如做菜时往锅里多放油到底好不好？是否可以将剩菜放在冰箱储存后第二天继续享用？是否可以在大汗淋漓之时立刻洗澡？患感冒发烧、糖尿病、心脏病时该吃什么不该吃什么……公说公有理，婆说婆有理，吵来吵去，喋喋不休。本来鸡毛蒜皮的事情，最后却演变成为此起彼伏的纷争，影响家庭和睦。许多父母把错误的理念传授给子女，让下一代为自己的失误而买单。

母亲：儿子，你别在睡觉的时候把手机放在

身边，听人说，手机辐射会对大脑神经系统非常不好。

儿子：手机那点辐射算个啥，他们纯粹是瞎说，这么多年都是这么过来的也没啥个毛病，你别管了，做你的事去吧。

母亲：你怎么老是这么不听话呢，我不管说啥你总得顶两句，真不让人省心。

母子俩不欢而散。

老婆：老公，你不要一下班回家吃完饭就躺着看电视，跟我去外面散散心好不好。你天天这样对身体多不好啊。

老公：这哪里不好了，要想身体棒，就得保持身体和内心的平静。我刚看微信上说，短跑健将猎豹和好动的老鼠都短命，而懒散的乌龟、大象却能长命百岁，你难道不想让我长命百岁吗？

老婆：听他们胡说八道去吧。你是大象吗？你是乌龟吗？那些乱七八糟的鬼话你也信。

老公：我都劳累一天了，让我歇歇。

老婆：你就算不为了我，你为了自己行不行。

老公：哎呀呀，懒得跟你啰唆，要散步你自己散去，再耽误我看电视剧，我踹你了啊。

老婆：行，你自己待着去吧，不理你了。哼！

一场饭局上，觥筹交错。

小刘：“张总，我实在不能再喝了，我看朋友圈微信里说，喝酒脸红的人，是体内缺乏一种解酒物质，你看我脖子上、胳膊上都长红斑点了，再喝的话我真要去医院了。”

张总：你少扯，别信那些骗人的东西。酒是粮食做，不喝是罪过。都到这份上了，咱必须一醉方休，吃好喝好才尽兴，是吧。你要是不喝，就是不给我面子，以后在单位我可不罩着你了啊。

小刘一杯下肚……享年35岁。

或许有人会说，自己的健康自己负责，指望国家算什么本事？可是，没有明确的方向，没有科学的理论指导，我们负责得起来吗？我们只是鱼龙混杂的信息大旋涡里的一棵浮萍。凭我们自己的力量能做得了什么？我们有鉴别真伪的能力吗？难道说，学习是自己的事，国家就没有义务做出必要的工作了？我国的学校绝大多数都是国家出钱出力才建设而成的吧，否则大可把全部学校解散，鼓励全天下人自学成才？况且，出版权威的健康书籍，对于一个强大的国家而言绝非难事，只要相关部门想去做，就一定能够顺利完成。

现在，关于健康养生的书籍不在少数，但如上文所述，这些书籍良莠不齐，作为普通民众的我们难以从中辨别真伪。在这样的情况下，我们需要依赖国家的力量，动用顶级国内外专家，通过整合各方资源来出版符合国情的健康书籍，其可靠性会远远胜于市面上任何一本书，起到一锤定音的效果。做一件功在当代、利在千秋的好事，何乐而不为呢?

于情我们应如此。于理，根据我国《宪法》第 89 条规定：“领导和管理教育、科学、文化、卫生、体育和计划生育工作是国务院的职权之一。”这项规定表明国家政府不仅需要加大卫生事业的基础设施建设，解决看病难、看病贵的问题，还需要在思想上进行引导和普及健康知识，以求“无病可看”的最佳结局。有这样一个笑话：一个人肚子剧痛去看医生，说：“我吃了点野果，然后就这样了。”医生二话不说，拿出仪器对着病人的眼睛看了又看，还要滴眼药水。病人：“你作甚，我肚子疼，你干吗查我的眼睛。”医生说：“你吃坏肚子，归根结底是眼睛的毛病，只有眼睛好使了，才能看出什么能吃什么不能吃啊。”因为太多太多的问题是由于思想、眼界所限造成的，只有在思想上重视了，才能在行动上予以改变。现在许多小区里、街道旁都设立健康养身标牌进行宣传，不可谓不努力，但效果不佳。

三、出版权威健康书籍的意义

首先，体现了我国政府执政为民，全心全意为百姓服务的态度。有了这个前所未有的“良法”，原本人们将信将疑的东西，经过国家这么一权威论证，大家立刻会醒悟起来，必然会更加相信，也一定会依照此书对自己的饮食、起居习惯做出最根本的改变。有这个极为权威的“良法”，酒量不佳的人完全可以义正严词地拒绝劝酒了，我们可以要求亲人保持良好生活习惯而不被反驳了，知道怎么吃才会更健康了。难道我们还会说：国家的出版物不可信？国民的健康就是国家最宝贵的资源，没有健康的体魄，哪来的建设者与接班人？还记得 2008 年北京奥运会后，国务院为了满足广大人民群众日益增长的体育需求，从 2009 年起，每年 8 月 8 日为“全民健身日”。设立全民健身日有利于组织开展健身宣传和教育活动，在这一天公共体育设施向公众免费或优惠开放，并免费提供健身指导服务。

回想起 2008 年北京奥运会，中国金牌数量虽然勇夺世界第一，成绩斐然，但奥运金牌大国不等于体育人国，更不等于体育强国。衡量体育强国的标准，不能仅仅把眼光瞄在奥运健儿身上，他们只是极少数的体育精英。与世界公认的体育强国相比，我们还有差距。尤须正视的是，全民健身运动的滞后，已影响到国民素质。这也是我为什么如此强调出版此书的原因之一。根据世界卫生组织的健康标准，中国有很多的人处在“亚健康”状态。亚健康包括心理的和生理的，没有明显的病症和缺陷，是一个潜移默化的积累过程，一旦超越临界点，量变就成了质变，亚健康状态也就骤然变为疾病状态。有了此书的指导，我国民众才会更深切地明白应该如何远离亚健康。若是盘腿打坐、金鸡独立这些随时可做的运动真的很有利，就应当毫无保留地写入书中，让每一个人都对照去做。

根据联合国开发署的测算，人均寿命每增加10%，GDP就增加1.1%，健康在经济发展中有着关键性的作用。虽然有了全民健身日，但我们仍需更进一步引导广大民众健康养生，在立法上保证每时每刻的“全民健身日”，虽然出一部书看似小事情，但正是这些微小的事情才更能反映一个国家热爱民众，心系民生。此书出版之后，将会是远胜过《本草纲目》的一部鸿篇巨制。《本草纲目》由于都是记载药性用法，距今已四百多年历史，甚至有些内容与现代医学相佐，对现代社会人们的迫切所需而言，则远远难以满足，仅适合医疗学者专用，由于专业性极强，国人也只是熟知其鼎鼎大名，真正用心读过的却寥寥无几，对新时代科学养生的普及性根本不够。我们需要对古人在医学养生方面的智慧总结归纳，结合现代医学去其糟粕、取其精华，整理出一套适合现代人阅读和使用的书籍，使古人智慧的结晶与时代性相结合，焕发出更耀眼的光芒。

国民对健康的重视程度，关系到生命质量，关系到社会的民生，关系到国家的和谐稳定、前途和未来。经过近70年的艰苦奋斗，各族人民在党的领导下，把贫穷落后的旧中国变成日益走向繁荣富强的新中国，中华民族伟大复兴展现出光明前景，对此，我们深感荣耀自豪，也更加知晓肩负的新时期使命。自十一届三中全会以来，我国坚持改革开放和坚持现代化建设，实现了现代化建设“三步走”发展战略的前两步目标，大幅度提高了国家的综合国力和人民生活水平。现在人们的生活水平好了，物质需求绝大多数都能得到满足，精神上也在响应党的十八大号召，将每个人的中国梦连接在一起共筑我们共同的中国梦。我们坚信只要团结一致，努力向前一定能实现中华民族的伟大复兴，但要实现这个宏伟愿景，就需要健康的体魄来支撑，不管是做什么事业，身体始终是革命的本钱。

我国相继制定了《产品质量法》《食品安全法》《环境保护法》《大气污染防治法》等，不断查处危害人民健康的违法行为，并不断加大卫生事业的投入，不断提高人民的生活质量。但我觉得，是不是可以再更进一步？没错，国家做了很多，但如果个人的“内因”不起作用的话，国家这个“外因”还是会显得十分无力。如果一个人不懂饮食方法、不懂如何作息、不懂日常保养手段，即使外面的空气再清新、食品再无害、饮用水再清洁、医疗体系再完备，他同样不会拥有一个健康的体魄。要想构建“健康中国”，内因和外因都是必不可少的，但显然内因的重要性更大，所以我认为这套书对于改善“内因”有着极其关键的作用。因此，不管是从为人民服务出发，还是从为国家建设出发，都应该提高对这套书的重视。

其次，极大增强了知识的普及，对于我国软实力的提升大有帮助。“软实力”一词是由哈佛大学教授约瑟夫·奈提出的。硬实力包括国家的资源、科技、军事、经济等综合国力，“能让其他人做你想让他们做的事，称之为软实力。”它是一种影响力、说服力和吸引力。一般认为，文化是软实力的核心，是一个民族的血脉。我国的文化历来具有极强的包容性和开放性。中国的科学技术、文学、美术等在古代一直处于世界领先地位，具有强大的辐射效应，深刻地影响了周边国家。保罗·肯尼迪在《大国的兴衰》中指出：“在近代以前的所有文明中，没有一个国家的文明比中国更发达、更先进。”这表明一个国家的软实力具有很大的影响力，是一个国家强盛的标志之一。从这一点来看，软实力实际上并不软。衡量一个国家的地位，不仅要看它的军事实力、科技水平，还要看它的文化贡献。这套书的出版体现了国家对医学文化的重视，对健康知识的传承，是一个大国注重提升软实力的表现，对号召全民养生具有很大的影响力，加上国家层面的推广，不仅在城市，也会更好地在广大农村地区开展“三下乡”工程，从而营造全民保健的浓郁氛围，大大提高国民的保健意识。

最后，体现出我国作为一个负责任的大国所承担的国际义务。出版一套具有权威性的养生书籍，不仅利于本国人民，对其他国家的人民也大有帮助，为世界尽一份力。目前尚未有一个国家率先出版一套可引领全民养生的书籍，全世界似乎都缺乏这样为人民服务的“良法”，在这样的情况下，我国应该率先举起鲜明旗帜，体现大国风范，加强对外交流，在合作的环境下完善内容，让这套书在全世界推广打下基础。虽然这套书面对的阅读对象主要以我国民众为主，但当今“地球村”是一个不断变小的世界，任何一国的先进文化都可以共享共赏。由于本国资源有限，为了避免书籍的观点过于狭隘，我们可以在编排时也引入各国先进的饮食文化，这不但利于拓展国人的视野，还利于方便他国的借鉴，从而吸引全世界的关注，更加提升这套书的质量和普及度。这样一定会给中国，甚至给世界耳目一新的感觉。其他国家的民众都可以拿来做参考、对照学习，逐步达到推广普及到全世界的效果。从小学到大学，每一所学校均可以此为必修课，从小耳濡目染，久而久之，谁都可以成为养生专家，远离疾病，活得长久快乐。

当然，世界上没有100%的金子，金子最纯含金量也就是99.999%，世界上也没有十全十美的东西，书中或许会出现一些瑕疵，这个世界错综复杂，扑朔迷离，不断变化发展，没有什么会是完美绝伦，一些观点可能会因为时代的进步而显滞后。但是，我们不要惧怕错误。在人民健康问题日益严峻的情况下，应本着对人民健康高度负责的态度，对于不是十分确定的、未经科学验证的东西，我们不能采纳，才能树立起这套书的权威性，才能为人民的健康负起责任。没有健康，幸福感便不复存在。这套书一旦问世，完全能够作为每一个人的“良法”，真正做到对健康的“有法可依”。如果有朝一日，人人都能健康平安，“百年无一病”“医院关门，医生失业”，那才是天下求之不得的福祉。

烟草与行业净效益

> 静以修身，俭以养德，非淡泊无以明志，非宁静无以致远——诸葛亮

一、“史上最严禁烟令”来袭

吸烟对身体有害是全民皆知的事情，但是很多人都无所畏惧，对烟盒上“吸烟有害”几个字熟视无睹，对媒体披露的肺病患者大部分跟吸烟有关的数据视而不见，乐此不疲地用身体供养这个嗜好，甚至肆无忌惮地用二手烟危害他人的健康。这些人当中，有的是公共场所的陌生人，但更多的还是他们最亲近的家人、同事、朋友。

烟民的不自律会对室内空气质量带来很大的威胁，我国的吸烟人数超过 3 亿，若是这些人都在街上、公共场所吞云吐雾，“城市让生活更美好”的梦想就难成为现实。虽然吸烟的人数只有 3 亿人，但受二手烟危害的则达到了

7.4 亿人，这些人中有的是年迈的老人，有的是贤惠的妻子，有的是妙龄少女，有的是嗷嗷待哺的婴儿，他们不吸烟，却也容易患上肺病，这是多么不公平的真相，那些散发在空气中的烟雾，就像一把无形的匕首，慢慢地夺去无辜人的生命。

近年来随着我国经济水平的大幅提升，温饱问题基本得到解决，人们继而追求更高层次的生活质量。公共场所是一个城市形象的最重要代表者。2015 年“世界无烟日”的主题是“制止烟草制品非法贸易”，借此机会，北京推出了我国“史上最严的控烟令”。这个《北京市控制吸烟条例》由北京市人大常委会制定，在法律渊源上，属于地方性法规的范畴。该控烟令规定：今后北京市所有“带顶、带盖”的公共场所、工作场所和公共交通工具 100% 禁烟，即使你自己独居一室也不允许；幼儿园、中小学校、文物保护单位、体育场、妇幼保健机构、儿童医院等地的室外公共场所全面禁烟；个人在排队等候队伍中不能抽烟；学校周围 100 米内禁止售烟。违反禁令的烟民和单位，最高分别处以 200 元、1 万元的罚款。违规设立吸烟区的机构最高可罚款 3 万元，经营场所若不设置禁止吸烟的标识，也将受罚。全市设立统一举报电话——12320。

“史上最严控烟令”的到来让北京烟民急了，他们觉得抽烟就像是喝水吃饭一样，是生命当中不可或缺的一部分，口渴就喝水，饿了就吃饭，困了就美美地进入梦乡，烟瘾来了，自然就放肆地吞云吐雾，不管是在家中还是在公共场所，或是上班的地方，从来想不到突然就那么动起真格，会出台这么“惨无人道”的“恶法”干涉大家的生活。对于有烟瘾的人来说，他们一天到晚几乎停不下来，许多老师还会一边上课一边抽烟，但现在不能在校内抽烟，即使烟瘾犯了也无计可施，除非甘愿披上违规的罪名而遭受惩罚与责骂。

这个“最严控烟令”让很多人都不理解，甚至有的还大骂政府吃饱了没事干。这虽然不致让烟民就此“金盆洗手”，但吸烟的地点受到了严格限制，抽烟购烟的频率必然也就随之降低了。就像是禁止学生于校园内谈恋爱，这虽不致让小情侣们劳燕分飞，但只能转战地下，相处的机会就少了。这不仅让烟民不好过，让烟贩也不好过，控烟令一旦实施，北京香烟的销售量将会不那么乐观，如果全国各地都像北京市那么“狠”，我国整个烟草行业将会面临一次重大考验，甚至我国的财政收入、GDP 水平的提升都会受到影响。这不是成心跟自己过不去吗？

其实重温一下我国的禁烟史，说良心话，这次的控烟令完全称不上是“史上最严”，它并未禁止任何人购烟、售烟、吸烟，只是把吸烟地点范围限定了一下，仅此而已；对个人仅仅 200 元的处罚，这个数目对大多烟民来说简直是不值一提，且并没有累犯加重、入黑名单等更为严厉的措施；更何况自家可以抽，室外可以抽，又有什么好说的呢？烟草粉墨登场于原始社会的拉美，当地的印第安人由于生产水平落后，愚昧无知，尝到烟草的香味，觉得能提神解乏，于是把它当作刺激物来咀嚼。我国古代没有烟草种植，也没有关于吸烟的记载，中国人吸烟是由外邦传入的，故有“洋烟”之称。据考证，烟草是在明朝时传入中国，因为烟和“燕”是谐音，“吃烟”容易被理解成为“吃燕”，当时的京城称为“燕地”，崇祯帝认为这不是好兆头，为了保住江山，多次下达禁烟令。崇祯帝的控烟并不是出于为人民健康着想，也不是为营造良好的生活环境氛围，而是一种迷信活动。当时的明朝统治已摇摇欲坠，在穷途末路中，崇祯帝被逼的狗急跳墙，不仅禁止全民吸烟，还规定在民间私自种烟的人被捕后要发配到边疆去服苦役。

到了清代，清太宗皇太极也曾下令禁烟，对出境或买烟草行为的惩罚达到了严酷地步，规定贩运烟草一斤以上者先斩后奏，一斤以下者处以徒刑，并禁止烟具的制造，严厉程度远远超过现在北京的罚款200元。虽然禁令严苛，但是在清廷上层贵族内吸烟的风气非常浓，到清统一全国的时候，烟草的种植与吸食在民间非常盛行，这个时候康熙皇帝开始担心，又重新颁布控烟令，规定“不许种植，不许贩卖，违者与通番同罪”。此次禁烟令的严厉程度不亚于清太宗，但种烟有利可图，在利益的趋势下，这个行业还是呈现了“野火烧不尽，春风吹又生”的现象。

随着西方列强的入侵，清朝末期的烟草在民间更是泛滥，甚至流入了鸦片，在封建思想的麻痹下，国人已麻木不堪，殖民者借着烟草的名义把大量鸦片贩卖到中国，获取暴利的同时也为达到控制中国人的目的。鸦片让这头东方雄狮一蹶不振，甚至沦落为“东亚病夫”，举国上下被这个洋烟折腾得团团转。清朝政府的无能激起了民怒，太平天国的天王洪秀全对殖民主义恨之入骨，在抵抗鸦片的同时也下了禁烟令：“凡吃洋烟者斩首不留”“凡吃黄烟者，初犯责打一百、枷一个礼拜；再犯责打一千，枷三个礼拜；三犯斩首不留”。这种规定一度是坚决执行，只可惜太平天国是昙花一现，随着太平天国的分崩离析，这项禁烟令也归于尘埃。

新中国成立后，我国对鸦片进行禁止，对烟草进行控制，并延续了始于北洋军阀时期的烟草专卖制度，建立了国家烟草专卖局，通过了《烟草专卖法》，在各个地区都设立烟草专卖的分支机构，对烟草的量和价格进行管制，并对烟草行业收取较重的税。在这样的政策下，烟草行业得到了稳定发展，烟民的数量也不断增多，吸烟的危害性也慢慢引起人们的关注。

近几十年，全世界意识到烟草的负面效果，开始进行深入研究。我国于1989年出台了一份烟草报告，显示我国因吸烟引起的经济损失高达270.76亿元，在那个时候我国生产力水平较低，国民收入不高，温饱问题尚未得到解决，但是吸烟这个不能果腹也不能保暖的行为却挥霍了大量金钱。1989年我国从烟草行业中只获得了240亿元的税收，却损失了270.76亿元，其中治疗因吸烟患肿瘤、心脑血管疾病、慢性肺病的医疗费就达到了69.42亿元，因吸烟丧失劳动力的损失有25.81亿元。如果将这些资金投入到粮食生产、经济建设中，可解决当年很多人的温饱问题。

这些危害和损失就摆在面前，但是烟草行业仍旧光明正大地发展着，我国烟民的数量不但没有降低，反而不断攀升，甚至大有未成年人不断加入的趋势。有一项研究报告根据我国烟草消费量和居民吸烟年龄推断，在21世纪的前30年，我国因吸烟导致的死亡人数将从每年的116万上升到317万，占世界的1/3，这不亚于战争带来的死亡恐惧。当前我国烟民的数量居世界之首，据调查显示，男性肺癌中有90%、女性肺癌中有79%与吸烟有关，这数据高得惊人，可能连吸烟的人都不知道这个真相，他们以为“吸烟有害”只是一个善意的警告。更让人震惊的是，二手烟会使得女性的肺癌发病率增大6倍，那些吸烟的男人浑然不知自己就像一个杀手，在不知不觉中残害家中的女人。而且，据“全球青少年烟草调查”结果显示，青少年在家中受二手烟危害的比例达到了43.9%，在公共场所达55.8%，我们祖国的未来、父母的心肝宝贝在毫无察觉的情况下失去了健康的生活环境。受害者无法得到补偿，这便是“负外部性”带来的后果。

当然，我周围有的人说，自己有好几年的烟龄，但心肺并没有任何不适。那是因为年轻，年轻就是资本，处于人生的黄金阶段，即使体质并非上佳，也不至于成为一个药罐子。但年轻不是挥霍的理由，要有长远打算。人到中老年，各种心脑血管疾病、肺病、气管炎纷至沓来，就是因为年轻时一次次麻痹造成的，此时岂不悔之晚矣？

二、税收与就业的争议

回顾我国的禁烟史，再看吸烟背后的危害，不知道那些烟民和一些反对北京最严控烟令的人做何感想。这无外乎是“宽于律己，严于律人”的小九九在作祟，如果别人在你学习、休息的时候大声喧闹不停，你能忍受得了吗？也许在庞大利益的驱使下，有些人会利欲熏心，坚持烟草行业应当繁荣发展，因为这个行业是国家财政收入的重要来源之一，每一年可以贡献很多税收，确有数据证明它占到了财政收入的 6%，可以代替很多行业而成为经济的大龙头；烟草专卖局可为社会提供很多就业岗位，还有生产香烟的企业、种植烟草的农民、市场上的小商小贩，这些都是极其庞大的劳动群体，他们都需要靠此谋生，如果禁止烟草，将会有大量的人失业，这不是给我国已然严峻的就业问题雪上加霜吗？

如果按照上面这个逻辑推理，假如某人集资创办一个企业，取名“某某盗窃股份有限公司”，大量吸收社会闲散人员加入，采取强有力的激励措施，按照“劳动所得”加以提成；同时还承诺把所得一半上缴国库——税率已然高达 50%，增加了财政收入，又解决了老大难的就业问题，我国的经济社会简直一片繁荣之景啊！这是不是也应该得到大力弘扬呢？可事实是，工商部门不可能颁发营业执照，任何一家银行也不会为这样的企业开立账户。为什么呢？因为它损害了别人的利益。我国法律确定的一条基本原则就是：个人行使权利的时候，不得损害国家的、集体的、他人的合法权益。或许你可以说烟草行业的危害的确比抢劫、放火、贩毒等法律规定的犯罪行为小得多，但大家应该都有听过一个成语叫五十步笑百步，烟草虽远不如烧杀淫掠那样罪大恶极，但经过长年累月的堆积，危害是不断叠加的，它就是一个无形的杀手，在一点点地剥夺人民的生命健康，就连不吸烟的人也受牵连，这难道还不足以让政府禁止在公共场所吸烟吗？

梁惠王说："我对于国家，那可真是够用心的啦！黄河北岸魏地收成不好遭饥荒，我便把那里的百姓迁移到河东，同时把河东的粮食运到河内，河东遭了饥荒，我也是这样做的。我考察邻国的施政方针，恐怕没有谁像我这样尽心尽力的。但邻国的百姓并不因此而减少，我的百姓并不因此而增多，这是为什么呢？"

孟子回答说："大王喜欢战争，那就让我用战争打个比方吧。两军交战，一方大败，败军之将丢盔弃甲，拼命逃跑。有的人跑了 100 步停下，有的人跑了 50 步停下。凭着自己只跑了 50 步，而耻笑他人跑了 100 步，那怎么样呢？"惠王说：

“这样是不对的。他们只是没有跑到100步而已，但同样是贪生怕死啊。”

孟子说：“不错，大王如果懂得这个道理，那就不要太指望自己的百姓比邻国多了吧。”

这就是五十步笑百步的出处。它用来比喻自己同样有缺点，只不过程度轻一些，却不知反躬自省，转而嘲笑别人，没有自知之明。

我国法律规定个人行使权利的时候不得损害他人的合法权益，那些在公共场所吸烟的人正是在损害他人合法权益，若不进行有效的禁止，会带来严重的室内空气污染，危害极大。很多国家已经对烟草进行严格管控，新加坡禁止进口外国烟草，韩国员工可享受“戒烟带薪休假”，英国规定若不改变吸烟习惯就将无法享受政府的免费医疗。我国要发展成为一个民主、法治的国家，就应该把民众的健康放在首位，而不是眼前的烟草税收利益。

至于就业问题，更不应成为一个为其开脱的理由。比如警方捣毁了一个制造假币的特大团伙，没收了全部作案工具和非法所得，并将他们绳之以法，送上审判法庭。被告们哭喊着说：“你们不应该抓我啊，我就是以造假为生啊，我上有80岁的老母，下有年幼的孩儿，你们要是抓了我，我就失业啦，我们一家妻儿老小该如何活下去啊……”如果这样的话，李鬼们恐怕就能堂而皇之地大行其道了。俗话说得好，三百六十行，行行出状元，君子爱财，要取之有道，不义之财不要也罢，生产销售烟草对民有害无益，烟草行业没有了那我们可以把更多的人力、物力投入到有益的行业中，从事烟草行业的人也可以转行做其他行业的工作，并非离开了烟草就不可以存活，关键在于能否抵得住丰厚利润的诱惑。

在2014年，东莞进行了大规模的扫黄行动，出动六千多名警力，公安部门和广大群众联手作战，掀起了凌厉无比的扫黄旋风，硬是把东莞“黄都”的帽子摘了下来。这次扫黄行动让东莞变得干净了，但似乎也让当地经济缩水，如果按照上面造假团伙的鬼逻辑，东莞扫黄恰恰是一个彻头彻尾的错误行径。

如果将这套“发展模式”推广到全国，只要这个行业能解决就业，人们能赚钱，能交给国家丰厚税收，是不是就应该睁一只眼闭一只眼任由它发展？在还没扫黄之前，可能很多人考虑我们因为这个行业违法而将其打击、取缔，那些“小姐”们失业了、下岗了，还有大量的餐饮业、酒店业、桑拿服务业的员工他们又该何去何从，取缔一个行业产生大量失业人口会给社会带来极大的不稳定因素，是个随时可能引爆的定时炸弹。就业是民生之本，减少失业，促进就业是一项浩大的民生工程，各级政府历来都非常重视本地区的就业问题，这直接关系到国家发展稳定的大局。

据美国有关部门统计，美国的社会失业率每

上升1%时，谋杀案件会上升5.7%，入狱人数将增加4%，社会安全基金要多投入34亿美元。

促进内需，刺激消费，是经济发展的重要引擎，我国现在就应当转变经济发展模式，改投资主导为消费主导，才能实现产业的升级转型。而强盗、拐卖妇女儿童都有需求，但这些是不正当的需求，应该予以禁止，不然国家怎么稳定，社会怎么和谐，人民怎么安居。东莞在2014年扫黄后，虽然有大量的“小姐”丢了工作，酒店餐饮行业也因此生意惨淡，但是整个东莞并没有沦陷到民不聊生的地步，现在2年多过去了，并没有发生社会动乱，经济照样发展，财政照样有收入，从这个事件可以看出社会并非少了一些看似利润丰厚的行业就存活不下去。

在一部电视剧中，有这样一个情节：

逆臣发动叛乱，企图夺取帝位，江山社稷遭受累卵之危。值此危难之际，丐帮挺身而出，在帮主的带领之下，众豪杰不顾生死奋勇战斗，除掉叛军首领，击退了敌人，为皇帝平叛立下头功。皇帝非常感激，问帮主有没有什么要求，可尽管开口，不管是要钱还是要人甚至谋取高官厚禄，只要在他的能力范围内，一定答应。而帮主只是简单地说了一句：“我别无他愿，只求陛下勤政爱民，还天下一个太平盛世，让我这个丐帮帮主早日失业。天下无丐！”字字斩钉截铁，掷地有声。

发展生产力、改善民生依靠的是实打实的经济建设，来不得半点马虎和投机取巧。我国在1978年底召开党的十一届三中全会后就把工作重心转移到经济建设上来，实行改革开放的伟大战略决策。这几十年来，国内生产总值接连翻番，现已超越日本高居世界第二。但在商业利益的蛊惑下也有许多人为了钱不择手段，他们的眼里只有“孔方兄”，为了票子什么事都做得出，使得唯利是图的歪风邪气大肆蔓延，因此导致那么多假恶丑的现象接连出现，屡禁不止。从开始的黑心棉、“三鹿”毒奶粉，再到“苏丹红”事件、吊白块、注水肉，以及现在更为惊悚的地沟油，各种各样的有毒有害食品让人胆战心惊，国民的健康正被不良商家吞噬着，如果得不到整治，我们国家的未来不得不让人忧心。一旦社会崇拜金钱至上，随之而来的就是道德的堕落与腐败。我国提出以经济建设为中心，但经济建设必须坚持四项基本原则，不能只追求金钱而有悖于社会公德。在1986年9月的中共十二届六中全会上通过了精神文明建设指导方针的决议，在努力推进改革开放和物质文明建设的同时，大力加强社会主义精神文明建设。我们不能发展成为一个只是经济强大而精神文明空虚混乱的蹩脚巨人，所以那些伤天害理、违法乱纪的钱坚决要抵制，宁可卑微如尘土，不可扭曲如蛆虫。行业如此，人亦如此。税收是用金钱来贡献的，赚不了钱就交不了税；就业也是为了让自己和家人过上像模像样的日子，同样和金钱密不可分，没钱是万万不能的。但要知道，贵族精神更体现在一个人的责任感、是非观、举手投足的涵养，学会尊重理解他人。许许多多的暴发户，奢靡攀比，习惯于对别人呼来喝去，毫无容人之心。这样的人的确是“穷的就剩钱了”，可对别人是越来越铁石心肠了。

法的价值包括自由、正义、秩序、效率等。由于其形态多样，社会生活复杂，人们的观念也有很大不同，法律的各价值之间不可避免地存在冲突，因此必须经常做出弃车保帅的艰难抉择，以寻求更圆满的结局。

法律的价值冲突有以下 3 种情况：

(1) 个体之间法律所承认的价值冲突，如个人自由可能导致与他人利益冲突；

(2) 共同体之间发生的价值冲突，如国际人权与一国主权之间的冲突；

(3) 个体与共同体之间的价值冲突，典型的如个人自由与社会秩序之间常常会出现矛盾的

情况。❶

解决法的价值冲突，应当遵循的原则有：

（1）价值位阶原则，又称为优先性原则，是指较高位阶价值优于较低位阶的价值。

（2）个案平衡原则，是指位于同一位阶的法律价值发生冲突时，应当综合考虑，平衡各方利益。

（3）比例原则，是指为保护较高位阶的法律价值而不可避免地侵犯其他利益时，不得逾越为达此目的所必要的程度。

对于控烟这个问题，我们可以用法的价值冲突的解决方式加以说明：

（1）价值位阶原则。这个毋庸置疑，人的生命健康，明显要高于吸烟权和烟草业的经济利益。

（2）个案平衡原则。此原则是针对相同位阶而言，所以严格来讲，它并不能在这个问题中适用。

（3）比例原则。《北京市控制吸烟条例》只是限制了吸烟地点，既保护了健康这个较高价值，又没有过于苛刻地剥夺吸烟的权利，而是兼

---

❶ 全国法律专业学位研究生教育指导委员会．全国法律硕士专业学位入学联考指南［M］．北京：中国人民大学出版社，2014：559.

顾了吸烟者和非吸烟者的利益，双方各得其所，可谓恰到好处。

法的价值冲突解决，实质上是一个利弊权衡、判断孰优孰劣的过程。

美国开国元勋杰斐逊说：“管得最少的政府就是管得最好的政府。”经济学鼻祖亚当·斯密在其经典著作《国富论》当中直接主张经济自由，强调个性发展，政府不随意干预，问题可以用市场机制解决。

到了现在，我们实施社会主义市场经济，这就需要把“看不见的手”与“看得见的手”有机结合起来。政府需要做的是明确自身的界限，要管住自己的手；若路见不平，就“该出手时就出手”，除暴安良。每一个企业在选址、制定章程、公司治理、人才招聘、投资方案、采购和销售计划等各项工作的开展过程中完全可以自主决定，政府是不应插手的；但如果食品企业在食物中放入了不该添加的物质、建筑企业偷工减料产生“豆腐渣”工程、化工企业不断向河水排放超标废料，政府就必须祭出撒手锏，以克服市场自发性的负面后果。同时应当灵活运用货币政策和财政政策，进行恰当的调节，防范风险。既不越位，也不缺位，使市场在资源配置中起决定性作用和更好地发挥政府职能（注意，是“更好”，而不是“更多”）。

三、行业净效益

经济的繁荣、人民生活的改善，靠的正是市场大环境下各种产业的活跃，它们相互竞争又相互融合。我认为，人类社会发展到今天出现了很多行业，而衡量一个行业的优劣，标准不是能够创造多少经济产值和提供了多少就业岗位，而是看它对社会的正面推动。对此，我提出了一个概念叫“行业净效益”，也可称为“行业正效益”。行业净效益的精神在于：衡量一个产业的优势及对社会的作用大小，应当抛开税收和就业这两大因素不谈，而是它究竟能为人们做出多少“正面的实事”。每一个行业都应具备自身的“行业净效益”：餐饮业解决人类最基本的生存，让我们享受美食的诱惑；房地产业能够遮风挡雨，让百姓住有所居，给了创业者必要的经营活动场所；体育业能够增强人民体质，使人民拥有健康的体魄和阳光向上的生活态度；旅游业能使人领略无限美好的大自然风光，感受万里河山的磅礴之气，将隐藏在心底的豪情彻底释放；银行业能够给资金提供一个安全的场所，办理日常结算，提供国际货币服务，解决各种金融、理财、外汇需求，大大降低交易成本；即使是污染严重、一直被人所诟病的煤炭、钢铁产业，作为第二产业的支柱，在经济建设中也长期扮演了关键性的角色。

而本文探讨的烟草业的“行业净效益”是什么呢？能

给人带来短暂的兴奋感，还是看起来潇洒飘逸、玉树临风，抑或排忧解闷？我查阅了许多资料，总结出烟草业的“行业净效益”大概有这么多：

如厕时抽烟可以解味。若忘记带纸，可以用香烟盒解决。

遭遇海难，流落在荒岛上，香烟点燃荒草发出 SOS 信号。

想哭时，吸上一支烟，烟雾朦胧，来伪装掉下的眼泪，以免别人说你不坚强。

未成年人抽烟，可以引起离异父母的关注。

抽烟必须带火，遇到意外时，不用钻木取火。

抽烟后，增加了收藏烟盒、烟具的好习惯，成为古董家。

不怕蚊虫叮咬，因为蚊子都被熏死了。

女人抽烟会显得高雅、迷茫、琢磨不定，不易让男人看穿！

参加明星演唱会时，尽情挥舞着烟头，为偶像喝彩，能起到和荧光棒一样的效果。

经常在家里吞云吐雾，可以营造一个云雾缭绕的仙境，体验下神仙般的感觉。

……

好多问题简单得很，就是人为给搞复杂了。其实，只要把“行业净效益”的内容和精神摆出来，人们许许多多争论不休的东西，都能得到解决。

为何“行业净效益”独独要将税收和就业二者排除在外呢？很简单，那是因为贡献税收和解决就业，此二者是任何一个行业都具备的功效，不管这个行业是正的还是偏的，只要能挣到钱，就能给国家交税，也为社会提供就业岗位。因此，衡量一个行业的优劣，重要的是看它能为国家、为社会做出多少实实在在的东西，而不是死盯在税收和就业之上不撒手，我们应当优化产业结构，更好地为经济、社会服务，这才是现今的紧迫需求。

也有人会说，汽车也有许多弊端，你怎么不提倡把汽车产业全都关停？诚然，汽车行业也会造成不少“行业负效益”，交通堵塞成为每个城市的通病，首都北京被戏称为“首堵”，堵车又堵心，搞得每个有车一族怨声载道，每次上街都是小心翼翼，或是急不可耐，生怕发生擦碰而引起不必要的纷争，还得劳烦保险公司出面，甚至导致重特大交通事故，令人无比恐惧。排放的尾气会造成环境污染，是引发雾霾天气的原因之一。

可是每一个事物都有两面性，有利必有弊，关键是我们心中要有一杆公正的秤，进行客观准确的权衡，这就是哲学上常讲的“矛盾主要方面与次要方面”。如果利大于弊，我们当然坚持发展，要通过技术创新、管理创新来降低汽车带来的危害；相反，倘若一个行业弊大于利，就应该想方设法停止它对社会的危害。我们不能否认的是，汽车制造业的行业净效益是显而易见的，完全盖过了它的“行业负效益”，无论是货运还是客运，它都能大大减少物流成本、节省时间、提高效率，它的功远远大于它的过，没有了汽车，经济发展就立刻停止了，全球不知道要倒退多少年，想想古人去一个地方只能依靠骑马和徒步，难道要回到那样的社会吗？这当然不是我们想要的生活。

在GDP的各项构成中，烟草行业也是有贡献在其中的。然而，若是把危害扣除的话，它对于社会的功效必然为负数。对此，前卫生部部长、现任全国人大常委会副委员长陈竺也说：“烟草造成的经济损失已经超过了对税收所谓的贡献，在经济上是得不偿失的。更何况吸烟造成了患者、家庭、社会的巨大伤害，这是无法用金钱衡量的。烟草危害后果一般在20~30年内显现，很容易被短期经济指标所掩盖。”这点从上面数据当中我们就心有体会，能否控制烟草对社会的危害，关键是看政府是否向着“良心政府”“法治政府”的方向发展。

一次我去雍和宫游览，公安人员在雍和宫墙外周围安置了多个大喇叭，喇叭中不断在高喊着：“面相、算命、起名，都是骗人行为，提醒广大游客不要上当”。这些算命行业既能贡献GDP，又促进了就业，政府为啥会这么傻，非要砸自己的“政绩”和那些算命先生的饭碗呢。其实这平凡的一幕体现了政府不以GDP论英雄的执政理念，而是追求居于更高层次的社会正义。虽然仅做到这一点还远远不够，但我们有理由相信，小事的点滴积累，终究能带来无限的正能量。

良好的政府给我们提供了一个充满公平正义的社会平台，在这个平台上，每个人只要怀揣梦想，只要脚踏实地勤奋不懈，终究可以向着自己的方向一步步靠近。即便是一个胸无大志的人，也可以用汗水解决自己的基本温饱。只要手脚不闲着，就不至于走上绝路。[1] 但不管任何时候，大千世界无奇不有，有人坚信天道酬勤，埋头苦干；有人白手起家，靠着自己的双手和智慧闯出属于自己的一片天；有人锦衣玉食，出生起就含着金钥匙；有的穷孩儿早当家，尚未懂事就要跟着家人为一日三餐奔波不停；当然也有人幻想不劳而获，一夜暴富，依靠坑蒙拐骗达到不可告人的目的，但我们相信此类人只是少数，不然这个世界会十分的丑恶。有道是人间正道是沧桑，在正道上前行，或是筚路蓝缕，或是遭遇不测，经受风雨侵袭，付出几缸都盛不下的汗与泪，但我们也坚信以行走正道获取的财富，远比歪门邪路要好得多、多得多。

平凡的个体需要走正道，一个国家同样也需要走正道，不能只看重财政收入，而不顾百姓利益。一个国家只

---

[1] 出自老舍《劳动最有滋味》。

有坚持走和平发展道路，坚持为人民谋福祉，坚持可持续发展，坚持良法善治的经济发展理念，才会在不久的将来变得富强、民主、文明。从某种意上来说，消费创造的是GDP，人民群众需要的公平正义也是GDP。烟草行业正是一个侵害健康权的行业，目前完全禁止和关闭它或许还不现实，但我们可以选择一条更为合适的途径。现在北京实行的控烟令将烟草的危害控制在一个范围内，不让它在公共场所扩散，虽然这样的管制政策不能彻底铲除烟草的危害，但至少可较为有效地让无辜人群免受二手烟的侵蚀，降低室内空气污染，提升大多数人的幸福感，相信这种模式也会逐渐扩展到全国范围。当然，从另一个角度来看待，其效益是可观的，风险是可控的，如果下决心进行鼎力革新，使用高科技手段改变烟草中的有害因素，让它的危害降至最低，甚至使得抽烟能像品茗一样反而有利于人的话，这样当然鼓励烟草行业的长足发展啦。

最后结语：你若盛开，彩蝶自来。只要是一个生气蓬勃、利国利民的朝阳产业，行业净效益足够大，必然会大大繁荣市场经济，改善人民生活和社会面貌。

——至于税收和就业，那是水到渠成的事。

教育良法刻不容缓

教育工作中有1%的废品，就会使国家遭受严重的损失——马卡连柯

教育的艺术是使学生喜欢你教的东西——卢梭

一、十有九人堪白眼，百无一用是书生

学习知识是为了应用，也就是所谓的“学以致用”。将在学校学习到的东西运用到现实生活之中，并努力解决一些问题，这才是关键所在。但是，我们看到，实际有时恰恰相反。一些知识属于“无用”的范畴，根本没有什么用武之地。如果学习是为了以后更好地随着时间的流逝而渐渐遗忘，让它们慢慢淹没在脑海中，甚至起到“拉仇恨”的效果，就实在太得不偿失。不仅如此，如今的知识被一些人当作炫耀的资本，在日常的对话交流中，也融入了一种自大自负的韵味。

在鄙人还是大一新生的那段“青葱”岁月的某年某日，学校突然心血来潮，做出了一个震惊世界的决定——我们经济管理类专业的学生一齐学习一门“高大上”的课程——工程图学。学校可能是受“艺多不压身”的影响，努力让学生成为多学科、全方位发展的人才。我专门去百度查了一下这门学科的定义：工程图学就是一门以图形为研究对象，用图形来表达设计思维的学科。图形本是具象的事物，在老师上课的过程中，我们努力让大脑处于具象和抽象的转换之中，可没想到，这才是开启了一场共同的噩梦之旅。尤其对于一些文科出身的女孩，谈及时装图头头是道，看到机械制图立即大脑短路，加之工科方面的基础是一片空白，所以，这样的课程让人感到刀砍斧劈般的煎熬。美其名曰是丰富学识修养，进而完善自身的知识结构；实则是：它完全忽略了我们的兴趣，完全不考虑日后的长远发展意义。毫无疑问，我们被压制于一个所谓“知识”的牢笼里，动弹不得，更无法挣脱。

庆幸的是，学校也是懂得“见好就收”，能够聆听心声，从善如流，再加上来自各方的谴责，最终，工程图学在课程表中被彻底抹去，学校的这个决定，赢得了我们的交口称赞，学校也正因认识到工程图学的开设的确是一个“恶法”，所以才下决心痛改前非。虽然作为“白老鼠”的我们而言，留下了不可磨灭的痛苦回忆，但至少学弟学妹终于拨开云雾见了阳光，不必再重走学长们哀号不已的“血泪之路”，步入了一片坦途。想到这里，心头也算有个莫大的安慰吧。这个决定意味着学校对学生意见的尊重，更意味着学生需要的是有用的东西，而不是知识的随意罗列叠加。一直以来，学校以培养人才为目标，可好多学校对人才的定义还没有完全理解透彻。“千金何足惜，一士固难求”，从古至今，没有哪一个朝代不重视人才，没有哪一个有作为的帝王不珍惜人才。社会所需要的不是只知死读书的头脑僵化之人，而是能举一反三、融会贯通，并且在生活中有所运用的人才。对于知识的汲取，不是毫无原则地随意接收，而是要仔细甄选，哪些是可取的，哪些是完全可以忽略的。也许，学校通过此次事件能够更进一步了解人之所需，明白人才的真正内涵。

包括理、工、农、医、文、史、法、哲在内的学科门类众多，知识繁杂，构建一个完整的知识体系谈何容易。这些学科分属于不同的类别，理、工、农、医属于理科范畴，它注重人的逻辑思维与理解能力，而文、史、法、哲属文科门类，也同样强调丰富的想象力与怀疑精神，具备一种能力已是难事，能将想象力与理解力相结合，更是难上加难。学生时代是学习的最佳时期，当他们步入社会，伴随着生活与工作的压力，很难再抽出时间去继续汲取知识营养，但是一些学校对人才的评价标准却成为人才发展的阻碍，它恨不得你通天文、识地利、知奇门、晓阴阳、谙阵图、明兵势，可我们应当知道：一味地追求全面发展只会导致精力分散，逐渐走向平庸。不仅各业的全才不可能存在，就连自己的专业领域，还存在许许多多空白，即便爱因斯坦，也不是无所不能的全才。因此，人才不等于全才。

学霸，不仅指学习，还应当指生活。

“寻章摘句老雕虫，晓月当帘挂玉弓。不见年年辽海上，文章何处哭秋风。”一弯残月悬挂窗前，埋头苦吟的形单影只只能在萧瑟秋风中浑身发抖。这样的李贺是何等落寞，他正是表达了读书人对于国家建设的苍白无力，哀叹生不逢时，文不能安邦，武不能服众，对“国家不幸诗家幸”一而再地出现只能捶胸顿足。李贺是一个拥有满腔抱负并期待自己所学有用武之地的人，他早已明白知识与才华都需要有施展拳脚之地才可，因此立志于“男儿何不带吴钩，收取关山五十州”，像一匹“何当金络脑，快走踏清秋”的骏马为国建功。同样的，以黄宗羲为代表的明清思想家提倡经世致用，反对假大空的理论充斥在夸夸其谈的课堂上和书本里。所谓的经世致用，就是指研究学问要和实际相结合，活学活用，切勿空谈。可是面对如此并不复杂的道理，当今许多人就表现出一脸茫然的神情。大学课程的不合理设置，已经成为卓越人才培养的一个桎梏，这就是不能学以致用的表现。超过50%以上的用人单位认为大学课程设置存在较大问题，已成为制约大学生就业的主要因素。各个门类的学科一股脑涌过来，只能浅尝辄止，走马观花浏览一番，然后蜻蜓点水式放进脑海中，当真正需要运用的时候，却是捉襟见肘、左支右绌，剩下的只有“少壮不努力，老大徒伤悲”式的无尽怨叹。

学如弓弩，才如箭镞；万般皆下品，唯有读书高。读书贯穿了人一生的全过程，堪称是上之上品，古往今来，劝人读书的文章典故浩如烟海。三国时孙权劝吕蒙平时应当多读书，吕蒙推辞说军务繁忙没时间，孙权说："难道你比我还忙吗？我还要随时抽出时间读书哩。"吕蒙由此大受震撼，于是奋发图强，才学迅速增长，成为文武双全的将才，摆脱了"吴下阿蒙"的阴影笼罩，让人刮目相看；钱钟书在清华横扫图书馆，馆中几乎没有他未品读过的书。这些生动的例子都在向我们说明，读书如同一日三餐，是生活中必不可少的事项。明代文学家陈继儒更是把读书拔高到一个至高无上的地位："神仙不读书，亦是一俗汉，所谓顽仙不如才鬼耳。"但是，黄景仁的"十有九人堪白眼，百无一用是书生"则从另外一个角度对读书提出了质疑，一百件事情里连一件事都做不好的人，就是书生了。他对于书生这一身份的极大讽刺与贬损，也抒发出诗人正处于无力伸展志向的现实困境之中。可怕的是，有些人常常自以为是，想当然地认为自己是学富五车的大儒。何为"上品"，何为"百无一用"？这值得我们每一个人尤其是学校深思良久。当然，"上品"和"百无一用"的界限并不明显，甚至很模糊，极易混淆，只有真正把这个问题研究透彻，大学才能成为真正的造就人才之地。

二、高数的噩梦

高数一定是大学里面被骂最多的一门学科，没有之一，对于很多学生，它就是一个不折不扣的噩梦。美国芝加哥大学心理学系伊恩·莱昂斯博士曾经说过：“全世界大约每五个人就有一个数学恐惧症患者，就像表白遭拒一样刺激大脑的后脑岛，引发生理性疼痛。”学习高数比失恋更为痛苦。一向才学渊博、文笔犀利的著名作家韩寒也说过：“对我而言，数学学到初一就够了。”对我来说，我不敢断言数学学到初一就够，但不论如何学到高三就完全能够应付来自生活各方面的需求。更何况，高数跟现实严重脱节，除了那种有点天分的人能上手外，多半人是云里雾里，什么函数极限，什么微积分，什么线性代数，这些对于普通学生来说简直是一些可有可无、却让人足以抓狂的概念。数学专业的学生钻研高数无可非议，但是对于普通非理工科专业，学了有什么用，我实在是想不起来。如果说高数还有点作用，那便是：摧残了精神、耗费了时间、压抑了心情，严重损害了学生与学校之间的感情。事实上，每一个走出校园的人都非常怀念那 4 年难忘的大学时光，因为这里有最美好的回忆，有亲爱的老师和朋友们，还有那最宝贵的青春年华。但一提到高数，人们便开始唉声叹气，甚至咬牙切齿，许多人说：“我热爱我的大学，但千万别和我提高数，一提它，我对大学的爱全都变成了恨!”因为它，我们体会不到任何的幸福感，有的只是沉甸甸的痛苦和憋闷。曾经，因为它我辗转反侧夜不能寐；曾经，我不得不通宵达旦坚持学习以应付接下来的大考；曾经，因为它我担心连顺利毕业都险些成为镜花水月。这就是高数留给我们的印象，这就是高数对我们的无情蹂躏。

许多人说数学可以练就人的逻辑思维，但一些逻辑思维从小就不好的人，再怎样学习高数都无济于事。况且逻辑思维的培养，完全不必靠数学的帮助，而是要通过不断学习思考和工作生活经验的点滴积累。狄仁杰、包拯、海瑞、于成龙们的数学水平几乎为零，却能够凭借细致的观察和缜密的分析思考，屡破奇案，这又说明了什么呢?

还有人说，今后的路很长很长，你怎么知道用不上高数呢?可我怎么会不知道?一个成年人，连自己今后想做什么、能做什么都不清楚，真是莫大的悲哀。当然高数也不是一丁点儿用都没有，但微乎其微，有太多比高数价值更为高昂的东西等待去探索，我们需要集中有限的精力办大事，万不能“丢了西瓜去捡芝麻”。高数最多在工作上会偶尔用上一些，日常生活中却是冬扇夏炉、尘垢秕糠，有这精力还不如多学习一些法律常识。生活处处是法律，如果不懂法，就不知道如何依法维权，不了解什么该做、什么不该做，就会陷入处处碰壁的困境中。我从接触高数的第一天起，就断定今后的工作生活压根与其无关，它不会带给我任何正能量，无法赐予我日后就业的铁饭碗，没有给我的人生增添哪怕一点点的乐趣，更不能与我健全人格的塑造产生半毛钱的关系——现已全部应验。我们能够用到的，是凭借兴趣认真学习的知识，因为在一个人兴趣的背后往往隐藏着他最优异的潜能，而不是在别人指挥下进行填鸭式的灌输，否则，大学和饲养场还有什么区别？

如果你认为我在说假话，那么，咱们用事实说话好吧。注册会计师（CPA）是目前中国最难考的资格证之一，总共有《会计》《审计》《经济法》《税法》《财务成本管理》《公司战略与风险管理》这六本厚教材，必须在至多五年之内全部搞定。过一科两科并非难事，但要六门全部拿下可谓有些高不可攀，许多人都纷纷倒在了这场持久拉锯战中。可是，就连我那已经艰难通过注会、并在会计师事务所有数年工作经验的同学，也从来都触碰不到高数的尾巴，他们纷纷坦言："高数白学啦。"更为专业的事务所已然如此，更何况是企、事业单位呢？财务人员要常和数字打交道不假，可难道他们会用不定积分来记账算账？会用泰勒公式与同事同行打交道？会用拉格朗日中值定理和洛必达法则来进行财务统计？或许，我的言辞因为个人经历的缘故，多了一些略显偏激的感情色彩，但是我必须声明绝对没有丝毫贬低高数的意思。因为，数学已经深深渗透进人类发展的诸多领域，因为它是科学的皇后，"宇宙之大，粒子之微，火箭之速，化工之巧，地球之变，生物之谜，日用之繁，数学无处不在。"高数本身的存在并没有任何的错误，它让真正热爱高数的人取得许多成就，为推动科学发展做出了重要的贡献——高数成就了牛顿和莱布尼茨这两位伟大的科学家，云南大学老校长熊庆来慧眼识华罗庚的故事也成为中国数学界一个流芳百世的佳话。不合理的学科设置制度才是根本源头，这种制度绝不是一个“良法”，其危害性有目共睹。强扭的瓜不甜，这样会造成学生缺乏自信与活力。爱因斯坦说：“教育应当使所提供的东西让学生作为一种宝贵的礼物来领受，而不是作为一种艰苦的任务去负担。”汝之蜜糖，我之砒霜，对象万不能搞错，否则是乱点鸳鸯谱。学习知识，要么有真正的用途，要么是兴趣使然，如果既不能得到你的由衷热爱，也无法带来任何正面效益，你要它有何用呢？对，只有一个，那就是考试，这样的教学法除了让人成为一个考试机器而别无长处。马云说：“累就对了，舒服是留给死人的。”学习是一种折腾，学习自己感兴趣的或是真正有用的知识，才是好折腾；否则就是一种穷折腾。高数这道“大餐”应当留给数学爱好者和梦想在理工科取得成就的人来享用，仅此而已。

中学是打基础的阶段，强调“分、分、分，学生的命根”也就罢了，可大学离素质教育也是渐行渐远。我们总是抨击过去八股取士扼杀思想、埋没人才，可反观为前，又能好到哪去呢？学生作为学校一分子，自然要尊重学校的决定，遵守学校的教学和管理制度，认真完成学业，这是学生们的义务。但是，学校作为管理一方，是否更应恪尽职守，本着高度负责的态度，以“良法”来作为管理的工具呢？答案不言自明。学生与学校之间也形成了一个契约，类似于民法上常说的“格式条款”，❶ 我国《合同法》第40条规定：提供格式条款的一方免除其责任、加重对方责任，排除对方主要权利的格式条款无效。学校的一些“恶法”正是加重了学生不必要的“责任”，排除了他们学习真正知识的权利，只可惜现在还难以将其归为无效之列。

有这样一个笑话：

据说在1669年，牛顿在剑桥大学升为数学教授。当时学校资金紧张，包括牛顿在内的大部分教职工薪水已欠数月。为解决此问题，牛顿潜心研究创立了微积分，将一门名叫“高等数学”的新科目设为全校的必修课，并规定不及格者来年必须缴费重修直到通过，很快教师们的工资发了下来。

可这个笑话已然成为赤裸裸的现实，高数甚至被许多学校当作名正言顺的敛财工具，不仅在精神上破坏学生，也在物质上盘剥学生。

❶ 格式条款，是指当事人为了重复使用而预先拟定、并在订立合同时未与对方协商的条款，手续简单，方便快捷。但由于它是由一方制定（制定方大多为企业、公司或一些具有公共管理性质的组织），具有单方性，并未与相对方进行协商，制定者往往会侧重维护自己利益，容易导致相对方利益受损。因此我国《合同法》对格式条款进行了必要的规制，保护弱势一方的合法权益，以此保证效率和公平的兼顾。

三、认识你自己

做人应当刚柔并济，能屈能伸，张弛有度，方乃文武之道。既要埋头苦干，又要高瞻远瞩。如果说目标是努力的方向，那么方法就是拾级而上的阶梯。良好的方法能使我们更好地施展天赋，“恶法”则大大妨碍才能的发挥。

我本科专业是财务会计学，但后来报考了法学硕士。在许多人眼里，跨专业考研是一件不可思议的事，它意味着“半路出家”，是对知识体系的重新梳理，可谓难之又难。但是，我选择了真正热爱的东西，并为之付出所有。我想说，除了对法学的浓厚兴趣之外，还有一个重要原因就是，自己的数学实在是千疮百孔，完全无法蹚过这片地雷阵。对这个选择，我经过了深思熟虑。要知道在大学4年的学习生涯中，我的成绩排名并不算靠前，不少比我成绩优异，获得过多次奖学金的同学，在考研的路上，要么一个接一个半途而废，要么在最后一战中折戟沉沙，可我不懈地坚持到了最后，最终圆梦，并在读研期间通过了国家司法考试，我是闯出来的黑马。对我来说，最终的成功根本没有什么其他窍门，只不过是在兴趣之上选择了一条恰到好处的途径而已。

有人说，如果没学数学，那不是有一种遗憾了吗？不错呀，数学是科学的王后，缺少了它，确实是有些遗憾。但是，车尔尼雪夫斯基说：“既然太阳上也有黑点，人世间的事情就更不可能没有缺陷。”连上帝都不是完美的，更何况是无数“等闲之人”？维纳斯，虽然已经失去双臂，但她端庄的身姿，就是一座纪念碑，留在时光的长河里；贝多芬一生历经坎坷，被命运无情捉弄，尽管耳聋，仍然奋斗不息，谱写了命运的交响曲。世上没有十全十美之事，正是因为遗憾的存在，人生才显得乐趣非凡。况且，如果当初我选择学习数学的话，那么遗憾会更大，人生就会更不完美——因为结果只有一个，那就是毫无悬念地出局，那就是落榜之必然！法律上常讲“两害相权取其轻”，有舍才能有得。

当然，多半学科的研究生考试都是有数学的，只有外语、法律、历史、文学、社会学、新闻学、艺术学等文科专业不存在数学。而且学界普遍认为，有数学的考研学科会更好一些，就业前景也会更宽广。考研政治名师阮晔劝大家：“大家考研一定要有数学啊。”政治名师蒋中挺也说：“尽量考有数学的专业，除非像我这样数学差劲的。”但这并不是非要学习数学的理由，这样的学习未免具有功利性，兴趣是最好的老师，若没有兴趣的指引，是很难学有所成的。这是因为你没有真正投入其中去热爱一件事情，此时的你会充斥着厌倦、抵触情绪，不可能集中注意力，很容易浮躁、分心，长此以往，根本无法把事情做到最佳。只有真正去热爱一些事物，你才会保有高昂的斗志和持久的耐力，若非如此，遇到一些困难和挫折时，就会前功尽弃。不具备那根筋，还一味横冲直撞，不撞南墙不死心，那是愚蠢的行为。拿鸡蛋去碰石头，自认为躯壳坚固无比，实际上是自不量力的表现。

我大学有位哥们儿，就是个典型的反面例子，他是坚定不移的“考研派”，这种人往往有着不达目的誓不罢休的信念，从表面上看，他们的拼搏精神值得赞叹，但是，不去慎重思考、一股脑往前冲的蛮劲却令人唏嘘不已。这位哥们就是如此，他不可谓不用功，每天起早贪黑、废寝忘食，为此甚至搞得多病缠身，拖着劳累的病躯挣扎在考研的第一线，自习室里，他总是来得早、走得晚，为了崇高目标，他放弃了一切与学习无关的娱乐活动。但他有个致命的弱点——数学，从大一的高数上下册，到大二的线性代数，再到概率论，两年的数学生涯一直在挂科——补考——重修的路上不断重复地走来走去，在他的 QQ、人人网当中，经常能看到问候高数亲戚的话语。可面对着这样一个刀山火海，他却不知急流勇退，虽然很努力，但事倍功半。果不其然，他数学仅取得了不到 50 分，总分也未过 200 分——真是一个不见棺材不落泪的典范。如果他能对自己有个更为到位的认识，及时调整策略规划，完全可以把埋头考研的时间投入到更有价值的事情中去。研没考上，又浪费了大把宝贵光阴，岂不是赔了夫人又折兵。他就是没有一套“良法”来为学习之路保驾护航，这样幸福感从何而来？我想只能是挫败感和失落感吧！有些道路并不适合所有人，一些人走在上面是一马平川的坦途，但是，对于另外一些人来说，上面荆棘密布，一脚下去就会血流成河。所以，冒着这样的风险去做并不擅长的事情，只能是搬石砸脚，最终的苦果真得自己品尝了。打得过就打，打不过就赶紧迈开双腿溜之大吉，老祖宗留下的良法之精华太值得我们用一生去领悟。

还是那句话：世界那么大，何必走“正途”呢。有一个企业家被问到自己成功的秘诀时，他说：“第一是坚持，第二还是坚持，第三嘛，是放弃。”该放弃的时候，就应当毫不踌躇地斩断那缕缕情思；有时候，如果你愿意偏离“正途”一点，也许能收获不一样的惊喜。在不是“正途”的道路上，也许别人会投来异样的眼光，甚至是无知的嘲笑，但是，你最终会证明，这是最适合你通往成功的途径，这是独属于你的良法。走自己的路，让别人说去吧。因为这是你经过多方面认真考量的结果，而不是随波逐流、人云亦云的选择，而在之后，再为之付出全部的努力就可以了。不按规则出牌的人生，恰恰是成功的开始。

德国著名化学家瓦拉赫就是一个典型。他没有才思敏捷的情调，学过文学和绘画，都是不了了之。可有一位老师堪称伯乐，认为他性格沉稳，做事认真，建议他试试化学。于是他的智慧之火被迅速点燃，从而一发不可收拾：首次合成人工香料，奠定了脂环族和波烯化学研究的基础，是人造香精和合成树脂工业的奠基人，成为化学界的一代巨擘，并获得了诺贝尔化学奖。这便是著名的“瓦拉赫效应”，上帝为你关上了一扇门，就会为你打开一扇窗，人人都有他的薄弱命门，但不可能一无是处。比如智障儿童舟舟，虽然他是个天生愚儿，但凭借对音乐的执着追求，成为卓有成就的音乐指挥家。连这样先天不足的人都能大获成功，这个世界哪还有“废材”二字。

我们总是喜欢把名人当作奋斗的标杆，把他们说过的话当作奋斗的动力。于是，越来越多的人会说：“这句话是我最信奉的人生格言，这句话将永远成为我的座右铭。”的确，一句意味深长的名言，就是一个思想火花的迸发，也是一个引路人，照亮你前进的方向。但是，有些名人轶事、名言警句会在一定的情况下起到相反的作用，因为每一个人的成长背景和生活轨迹都是完全不同的，他人的成功之路未必会适合你。许多人会把这句话奉为圭臬，甚至用它来开导、激励别人：“聪明的人未必能成功，家境富裕的人未必能成功，但敢于坚持、有意志力的人一定能成功。”可经历了那么多，我深深地认识到，好多人的确被这句话给蒙蔽了——在一条不归路上再怎么努力拼搏也能成功吗？巧妇还难为无米之炊，如果你全力以赴却一无所获，如果你头破血流依然是竹篮打水，这就要警惕——八成是方向扭曲。如果鲁迅没有意识到国人需要医治的不是身体而是麻木的心灵，没有以唤醒国人的麻木不仁为方向，那么他可能只是一个普通的医者，便没有言辞犀利的、痛入骨髓的文章了。

在古希腊阿波罗神殿的大门上清楚地刻着一行字：认识你自己。

据传这是雅典城建成时，神留给人类的箴言。短短5个字，却有着数不尽、道不完的深意。许多人至死也没有解开这个谜，从来没有真正认清过自己，以至于一生历尽坎坷，也没有什么作为，带着无尽的遗憾到另一个世界继续去领悟了。

“没有功劳，也有苦劳”，这是人们经常挂在嘴边的一句话，但许多“苦劳”的付出完全没有价值。一个人即使付出了百倍的努力，也不一定有成绩，也不一定能得到人们的认可，如此，没有价值的付出不但消耗了时间，更折损了我们的志向与情怀。每一个比我们成功的人，很多都是付出了比我们多数倍，甚至十倍以上的功夫，这是毋庸置疑的。但为什么有那么多人尽心尽力却一无所获？如果他们能够寻得行之有效的良法，定能够取得意想不到的效果。所以，“良法”与努力孰轻孰重就显而易见了。在就业形势严峻的今天，许多人加入到了考研大军。的确，考研意味着你将要接受更高层次的教育，让自身各方面的素质得到进一步的提高，以便将来走上社会，能够拥有更大更好的发展空间。但是，并不是每一个人都适合这一条道路。在此，我奉劝所有同仁，一定要认清你自己，如果觉得自己适合考研，成功的可能性较大，你尽管放手一试，否则，还是老老实实投简历找饭碗更稳妥一些。尤其是那些数学存在“短板”的人，切记，及时止损。考研自习室里，各种占座高招迭出，什么铁链、砖头纷纷上演，可谓煞费苦心，但其中很大一部分人是在做无用功。实际上，对许多就业岗位的性质而言，工作经验更胜于学历，一份具有发展潜力的工作能够让你得到一个全面的提升，这个提升不仅仅是工作能力的提升，更是各种人生经验的积累与总结。因此，考研深造和求职就业只是两条不同的道路而已，无所谓优劣，适合自己的就是最好的。

“尺有所短，寸有所长”。在现实中，许多人认为，只要能改正一个人的缺点，他就会变得更加优秀。就如同一块美玉，它若是没有一点瑕疵，那是多么完美之极呀！但缺点并不一无是处。莎士比亚曾经说过：“我没有路，所以不需要眼睛；当我能够看见的时候，我也会失足颠扑，我们往往因为有所自恃而失之于大意，反不如缺陷却能对我们有益。”心理学上讲：一个人若是太过完美，并不会很受欢迎，因为这会让周围人觉得你处于“可远观而不可亵玩”的凌霄宝殿之上，如果能适时暴露一些无关紧要的缺点，反倒让人觉得你是个容易亲近的人，是个“最可爱的人”，为你赚得更多的人缘。弥补缺陷的确能避免犯下一些错误，却难以让人出类拔萃，长此以往，最终只能造就一个平庸之辈。“木桶理论”有时是很坑爹的，人生短暂，能把其中一个优势发挥到极致，可贵之处就已十分凸显，为什么还要在许多乱七八糟的事情上费时费力，给自己添堵呢？一个人若总和一堆烂事纠缠不休，相信他一定是“糟”到了极点。

日本是一个高度发达的资本主义国家。它也存在经济发展的“短板”，就是国土面积狭小，人多地少，资源匮乏并极端依赖进口，不仅如此，频繁发生的地震时常给日本人的生活带来很大困扰，这殊为一个极大的劣势。有劣势无关紧要，重要的是日本有自己独特的优势，它在环境保护、资源利用等许多方面堪称典范，国民素质普遍较高，文化产业、旅游产业极为发达；不仅如此，其科技发展水平高，环境优美，港口经济居于世界前列，这些优势足够推动一个国家的发展。日本把自身的长处发挥到了极致，所以能在“二战”废墟中迅速崛起，成为仅次于美国的第二大经济强国，现在也是世界经济的一支强大力量——日本若想弥补劣势，恐怕只有去侵略扩张拓展海外殖民地了，呵呵。

认清自己，制定一个适合自身需求的“良法”远比盲目努力重要。只要找准自己的特长并加以有效利用，一定能够取到事半功倍的效果，它能够让你抓住各种社会资源进而帮助自己加快前进的步伐，付出最少，而收获成果最多。因此，聪明人从来不做那头“嗡嗡”乱叫从而四处碰壁的无头苍蝇，而是能够不断地审视自己、扬长避短，从而成就一个全方位成功的自我。

四、教学与教师的困惑

当然，这里还不得不吐槽一下我们的课堂教学状况。学生们除了对校园、宿舍、教室环境、食堂、体育场、图书馆、网络这些硬件设施颇为关心之外，若谈及软件条件，就是课程设置与教师授业——这便涉及“讲什么”和“怎么讲”这两大中心问题，不论是校园课堂讲学还是课后额外时间的各种琴棋书画培训班。好的课程加好的老师，此二者是教学的两翼，双剑合璧，方可出奇制胜，是提高广大学生专业素质水平最为关键的两个基本点。

譬如我的初、高中老师，他们的学历普遍并不高，大多毕业于一些名不见经传的普通本科、师范类院校。但是，他们凭着为学生高度负责的态度，认认真真地做好课前准备，尽全力上好每一堂课，尽全力让我们掌握到最多的知识，做好充足准备迎战中考、高考。这些辛勤的老师们给了我们很大的动力，与我们并肩作战。成绩进步，他们高兴；成绩退步，他们焦虑。虽然他们有时会脾气不好，会冲我们发火，但要从我的中学老师中找出不负责任的人来，我实在是想不出任何一个，没有哪个老师不是尽心尽力的。中学六年，学生们一直在承受着中考、高考的巨大压力，中学老师肩挑的担子更重、更多，他们的使命感强于大学教师，因为他们明白，中考、高考是多年来学习成果的总结，更是人生的重要转折点，从入学的第一天起，就面临着千军万马挤独木桥的荆棘之路，此时，所有的学生处在十字路的交叉口，一分之差就可以决定命运的翻转，这如泰山压顶般的压力使中学老师们根本不敢松懈、不敢动摇。正是在他们的帮助之下，我们在反复的训练和不断的总结中，错误率在下降，知识漏洞被一个接一个地攻破。正是因为这些老师的默默辛勤付出，我才会对他们的印象如此深刻。

对大学来说，硕士毕业只能去三本或专科院校从业，而名校招聘老师，都有很高的要求，必须是博士毕业，且本科、硕士阶段皆就读于“211”工程大学，如有海外留学经历则更佳。设置重重关卡、层层阻碍，就是要让理想的教师“入吾彀中”，如无合适人选，便放弃招聘，乃实实在在的宁缺毋滥。而许多所谓的副教授、教授们，动辄是某个名校的博士，似乎都是各自领域的佼佼者。但是，我们必须看到光环背后的东西，那就是高学历未必等同于高素质。许多大学老师的责任心简直是大大减退，都可归为伪学术群体之列。对他们来说，教学的目的大都只有两个：一是学生能通过期末考试，反正挂科的也只是少数，即使是补考甚至重修也都无所谓了；二是能够稳稳当当让学生毕业走人，宁可不担事只要不犯错。至于弟子究竟能学到多少专业知识，能增长多少职业技能，抱歉，就不在他们的考虑范围之内了。只要是考试、毕业不出什么大乱子，还管它那么多呢？所以，许多人根本没把心思放在备课授课、教书育人上，只会照本宣科乱讲一通应付了事，课堂 PPT 经久不变，甚至是酷爱点名来维持听课率。这种现象即便是在诸多“985”“211”高校中也并不是非常罕见，至于十占其九的非名校呢？则更是不敢想象。只有“良法”才能得到普遍遵守，也只有良师才能得到普遍认可和推崇，因此“一日为师，终身为父”这句古语也必须是有适用条件的，一些人的职业道德已经丧失，根本无法得到人们的尊敬。

司马光在《资治通鉴》中提到：“才德全尽谓之圣人，才德兼亡谓之愚人，德胜才谓之君子，才胜德谓之小人”。中华民族历来是个极重气节的群体，对道德品质的重视更甚于其技能本领。如果人品不过关，即使学富五车的大儒，也不过是个跳梁小丑罢了，这便是所谓的“因人废字”。蔡京便是最典型，北宋倒在金人的铁蹄下，蔡太师居功至伟。

蔡京是北宋权臣，高居太师之位，才学出众，却是“六贼”之首。其人极善投机钻营，喜好玩弄权势，早在“王安石变法”时期，他便在变法派与守旧派之间来回摇摆，翻手为云覆手为雨，哪一方得势，他就见风使舵；徽宗登基，他不惜代价费尽心思讨好皇帝，并且残酷打击异己，谁与他见地不同，他便将其流放甚至杀害。

宋代的四大书法家苏黄米蔡，分别是苏轼、黄庭坚、米芾、蔡襄，原本蔡襄并不在列。在《水浒传》中，晁盖、吴用为救宋江，请圣手书生萧让模仿蔡京字迹假传消息，以至于后来被黄文炳识破，上演了一曲江州劫法场的壮烈凯歌。由此可见蔡太师的书法名满天下，世间读书人为之倾倒。可蔡京的名声实在是差的臭气熏天，人们不希望他的昭彰劣迹玷污了四大家的美名，而从情感上更加认同蔡襄。蔡襄是蔡京的堂兄，二人是近亲，但品性截然相反，蔡襄为人正直，而且注重发展经济，为老百姓办了许多实事，尤其在茶文化中贡献颇多。

宋徽宗当朝蔡京、童贯、王黼、梁师成、朱勔、李彦，被称为“六贼”，（《水浒传》的头号反派高俅，都挤不进六贼之位，可见当朝坏蛋有多少）他们欺君罔上，奢靡无度，鱼肉百姓，无恶不作，人们恨不食肉寝皮。时有民谣：“打了筒（童贯），泼了菜（蔡京），便是人间好世界”。蔡京晚年被贬岭南，没有一个人愿意给他提供食宿，最终在饥寒交迫中结束了可耻的一生，落得死无葬身之地的下场。

“所谓大学者，非谓有大楼之谓也，有大师之谓也”。由此可以看出软件比硬件的重要性更甚。为什么我坚持认为软件问题相比硬件更难解决？因为钱能解决的问题都不是问题，弥补硬件不足，就得靠一个字——钱，没钱，就只能吃糟糠，住陋室，居于一个没有风景的环境里；至于软件的缺陷，还真不是金钱就能解决得了的。一所大学的精神就是它的灵魂，需要经过长时间的积淀和检验，这方面我们做得还很欠缺。难道大学老师的水平真的不如中学老师吗？当然不是。而是大学环境容易让人变得慵懒，中学紧张的氛围使得老师不得不逼着自己奋勇向前。有的老师最擅长的教学方法是每节课都让学生上台发挥，表面上是给学生锻炼的机会，实际是给自己找了一个偷懒的方式而已，不费力气便找到一个打发时间的手段，心里或许还暗自窃喜呢。如果设立一个诺贝尔坑爹奖，恐怕他们都能组团前往瑞典皇家科学院进行华山论剑了。这便是环境对人潜移默化的影响。所以，我们不能把这些教学问题全推到教师的身上，还要从更深层次的制度层面挖掘，一套行之有效的良法制度还未见雏形，教学的诸多机制存在着不足。权力过大，监督乏力便是弊病之一。大学老师可以决定谁挂科、谁能参加考试、谁能顺利毕业，一旦这种权力不断扩大，缺乏合理有效的制约，不仅不利于教学，而且易产生腐败。

许多教师最厉害的一招莫过于“你的平时成绩别想要了”或是“我不让你参加考试了，即使你重修我也不让你过”。这样的口气中带有一种满是威胁的意味，活脱脱一个号令天下莫敢不从的君主啊。大学的环境中，似乎学生都世故了、中庸了，既不爱真理，也不爱老师，老师说啥便是啥，即使授课水平再臭，也不敢出一言以复，不敢提出意见建议——万一老师不爽，让我挂了咋办？我就遇见过这样一个老师，总共才90分钟的课，他都会在课上花掉15分钟的时间检查上次课程布置的作业，即使这样，我们也不能说啥，忍着呗。因为这位老师向来以“严厉”著称，好多学生在他身上都有过挂科经历。可见，不光是学生们无法有效监督，此外，学校方面的监督也是非常薄弱的。学生与学校之间存在着一片巨大的沟通真空。尽管每所学校都有个什么校长信箱、教务热线，期末都设置了一个评教打分环节，但它们几乎形同虚设，对改进教学的助益聊胜于无。[1] 蔡元培说过：“思想自由之通则，正大学之所以为大也”。大学精神的重要内容之一就在于思想自由，若在现今这种大环境下，思想往往被权力打压下去，还何谈学术自由和批判精神？如果不在这个层面上动刀子，思想独立、兼容并蓄就是一句空话。我认为至少对于考试分数这一项，可以尝试着使学生最终的考试成绩不由任课教师来最终给定，而是由学校探索一种新型的方式来决定。因为这是最薄弱的一环，也是最容易产生问题的一环，只有从根源、制度入手，切断这个利益链条，用这种“良法”把权力关进制度的笼子里，学生们在行使“监督权”

[1] 曹林，王昱．北大熏陶出来的评论［M］．北京：北京大学出版社，2016：165.

“批评建议权”时才不会畏首畏尾，这才是出真招，才能取得真正的善治。当然，肯定有不少人担心这样会导致学生的逃课行动更加肆无忌惮，但对此我只想说一句：相比于老师授课质量低劣带来的危害而言，学生们逃课所造成的危害要小得多。毕竟逃课并未损害他人的利益。

梅贻琦还有句名言：校长是给教授搬凳子的。校长的职责是做好一个管理者的义务，是尊重教育、营造良好的环境。有些教师，凭借着自己扎实的功底，学术成果斐然，被提拔到了领导职位。可是，他们既要处理繁忙的行政事务、经常主持会议、进行出访、接待外来宾客，还要给本科生讲学、又得指导硕士博士，甚至还在外做兼职，三手抓，三手都硬得起来吗？我想，最终的结局很可能是：既搞不好学院工作，又教不出优秀的学生，也做不好兼职，一心多用带来的可能是无所作为。许多老师的名片里印着：××院长副院长、教授、博士生导师、××高级合伙人，如今在这个为名所累的浮躁社会之下，有些东西看起来高大上，但内涵究竟几何，实在有些云里雾里了。想当初明朝的正德皇帝朱厚照，先是自封为“总督军务威武大将军”，接着又是什么“镇国公”，一个已经是皇帝的人了，还要那么多名头做什么用？我们只有两个字送他：荒唐。当然，我们还是能够看到，许多老师在身兼多职的情况下，依然本着对学生和教育高度负责的态度，活跃在三尺讲台上，毫无保留地耕耘着、奉献着。

法官职级与行政级别脱钩是当前司法改革的重头戏。

一些优秀法官在提升为庭长、副庭长之后，或者到非审判部门担任领导职务以后，便脱离了办案一线，忙于行政事务的管理，出现“提拔一位庭室领导，就流失一位好法官”的局面，这样难以真正激励法官提高其业务水平，法官队伍的专业素质将逐渐下降。如果不实行分类管理，法官自身也缺乏职业荣誉感，一些人从事法官职业不是为了追求高级法官、大法官的目标，而是为了追求当个科长、处长，随时希望转到一些行政级别晋升更快的党政部门，或者是非审判岗位。[1] 同样，司法改革的精神也应当适用到大学当中，教授竞争处长的现象可以休矣，大学也应当更彻底地实现“教育职级与行政级别脱钩”，让教师们感受到学术带来的幸福感，而非得到一官半职。

五、“功利”与“不功利”——实用主义是王道

小学，从计算 1 + 1 = 2，读写 ABCD 开始，实在是再简单不过，这用得着六年？为什么不每日起早贪黑，把课程压缩到三年，趁早毕业了事？因为小学这六年，是人格的塑造、个性的培养，是学习能力与学习态度逐渐完善的长期过程，而非单纯的攻读课本。如果仅把求学时代看作一个攻读文化课的经历，实在是拔苗助长，狭隘短浅到无

---

[1] 王利明．迈向法治——从法律体系到法治体系［M］．北京：中国人民大学出版社，2015：163－164.

可救药。同样，禁止幼儿园小学化也正是这个道理。

我认为，对于知识的主动获取，既要“功利”一些，又要“不功利”一些，这就要求我们应当求真务实，品味舍得，学会选择，不断认识事物的本质，不搞那些花里胡哨的东西。功利一些是说，对待各种鱼龙混杂，我们要有伯乐一般的鉴别能力，那些没有必要入眼的烂摊子，完全应当果断地把它们彻底打入冷宫，从此再无交集；而至于“不功利”呢，就是不要仅将眼光盯在期末应试与考证过级中，而对于其他大有裨益的东西却不屑一顾。从小学到大学，体育从来都不是主要课程，就算某人一口气能做50个引体向上，100个俯卧撑，快速跑完1000米连大气都不喘一下，恐怕也不会在三好学生的评选中打动老师分毫，没准还指责你是个不爱学习的野孩子。可一个健康的身体是没法用金钱和荣誉换来的，需要从小不断加以锻造，百炼成钢。做人有时也不要太听话。我在小学的时候，爱和同伴们一起在外追逐打闹，一下课，校园里甚至楼道内经常能看到我们疯跑的身影，三五成群，好不快活。老师们常劝导我们不要乱跑，要老实点，听话点，其中也确有过多次磕磕碰碰，擦破点皮，鼻子撞流血，是常有的事，但也丝毫影响不了我们的“铁血豪情”。小学6年，我还多次在短跑比赛中取得好名次为班级争得荣誉。而更重要的是，这为我的健康账户里存入了足够的资本。中学6年我仍然爱好体育，但由于学习压力的骤然加大，运动量根本不及小学了，到了大学就更少了，跑步成绩也不如从前了，但我也极少生病。据统计，中国年人均输液量居然达到八瓶，可见国人的体质是个什么状况。可从出生到现在这二十多年里，我仅仅输过三次液，从来没有过住院经历哪怕只是一个晚上。如果当时真的做了一个乖孩子，傻傻地听了老师的话，那将是一笔多么巨大的损失，一辈子都不可能得到弥补。要知道，离开了体育场，图书馆和自习室也将黯然失色。等到你应聘投简历时，谁还会傻不拉叽地问你小学获得过几张什么奖状呢？相反，如果你是个病秧子，动辄一病不起，误工误事，才会得到单位的嫌弃，甚至是扫地出门。

当然，这并不是刻意与老师作对，绝非老师说让往东，我偏往西。老师也是好心，为了维持校园秩序，保护学生安全，但好心有时办不成好事，让孩子成为温室里的花朵，这种在老师眼里的“良法”，对我们而言简直就是冷若坚冰的酷刑，其出发点是好的，但对孩子成长并无益处。当时的我尚且年幼，目的也绝非是为了增强体魄那么“崇高”，只是单纯为享受一份快乐而已，但无心插柳柳成荫，这成为我受用一生的财富。

当然我们不能单纯拿“有没有用”来作为衡量一个事物的唯一标准，只要你有兴趣、有决心坚持到底，把学问做通做透，一样能成为该领域的宗师。但如果你不知兴趣为何物时，实用主义必须走在前面。什么是知识？柏拉图曾经做过这样一条阐述，他认为知识必须满足 3 个条件，它一定是被验证过的、正确的，而且被人们相信的。从兴趣入手，精益求精的钻研、从不懈怠的坚持，由此获得的技艺才算是真正的不压身，甚至是利于“正身”。因此，我们还是要具备最基本的眼光，清楚辨别哪些东西能够让人真正受益、哪些只是摧残学生的工具罢了。

李克强总理严厉批评社会上一些不作为和乱作为的现象：“一些该管的没有管到位，但对一些不该管的事，手却伸得特别长。”我想李克强总理这个批评同样适用于我国高等院校，许多学校同样也是擅长不作为和乱作为：无用的东西让我们埋头苦读，真正关系到切身利益的知识，却视而不见。这种不作为和乱作为只会让学生越来越产生厌烦心理，严重阻碍成长进步。当学生们对学校课程设置表示强烈不满时，一些人却拿“艺多不压身”来作为光明正大的辩护。但我认为“艺多”绝不是单纯广泛的涉猎，胡乱拿起一个就往嘴里塞，我认为学生应当获得的知识不仅仅包括专业知识，还应当包括生活常识，其中，最重要的常识之一就是自救知识：一旦面临歹徒抢劫该如何临危不乱、沉着应对，地震突然来袭该如何迅速逃生，汽车落水时应当如何奋力游上水面，遭遇大火围困时如何第一时间逃离现场。这些常识可以在关键时刻挽救自己的生命，甚至帮助他人重获新生，胜造七级浮屠，难道不值得所有人学习吗？

现实经常发生的一些令人惋惜的事件就是很好的警示，最后，我们只能表示无奈和遗憾。2014 年 12 月 31 日晚，上海外滩陈毅广场发生了震惊世界的踩踏事故，死亡人数高达36人，大多是20岁左右的年轻人，最小者年仅12岁，最大的也只有30多岁。这些美丽的花朵，生命之手还未触摸到新年的曙光，就过早地凋零，永远定格在2014年。也许，那时候的他们根本不知道接下来会发生什么，来不及做出任何反应，就被死神的魔爪牢牢抓住，无力挣脱。这样的人祸让我们在震惊之余，更令人无比心碎。

痛定思痛，我们可以在责备政府部门管理不力、安保力量不足、无交通管制措施等问题的同时，应无比惋惜遇难者们缺乏最基本的自救能力。但学校恐怕也是难辞其咎的，那些遇难者中，不乏来自复旦、华中师范、华东政法等重点大学的高才生。一直以来，学校总是被冠以“求知圣殿”之美誉，于是，绝大多数学生自认为在“象牙之塔”中就可以高枕无忧了，却未意识到一些潜在的危险正一步步向这些弱势群体逼近。绝大多数学校从来没有系统地传授过求生自救知识，宣传和普及力度远远不够，相反，老师们常常把“必须好好学高数啊，高数很难的，要不然考试过不了，等着重修你就闹心去吧，毕不了业你就麻烦大了”这句话挂在嘴边，实在是令人作呕。一旦突发紧急情况，便不知所措，成为待宰的羔羊。孩子们往往成为灾难的最大牺牲品，原因很多很多，除了自身年龄和身体所限，最大的原因就是他们的无知与麻痹。都说机会往往是留给有准备的人的，相反，死神也是专爱光顾麻痹大意、毫无防备之心的人。

这些应当从娃娃抓起，从幼儿园、小学伊始，就应当不断地向孩子们传授这些安全自救的基本理念与技能，只有在脑海中真正形成长久而深刻的记忆，才能在灾难来临时做出最迅速的决断。危险的发生往往就是一瞬间的事情，它容不得你去多想，一秒钟就可能是生与死的界限。传授自救知识这个任务并不难，甚至很简单，一切事在人为。学校、老师甚至是学生都可以肩负起这个神圣的任务，每个学期进行一两次地震、火灾疏散演练，远远比窝在教室听着那百无聊赖的高数课要实在得多，而且好处多得多。我们有理由相信，这必然能给略显单调的大学生活增添无穷的乐趣。知识是具有色彩的，单调、灰暗的学科体系根本无法引起学生注意，不经意地加入一些生命力，会起到意想不到的效果。

三年紧张的高中生活，我们拼尽全力终于考上理想大学，目的是什么？我们不一定都要有周总理“为中华崛起而读书”这样的鸿鹄之志，但也绝非为了体验牢笼式的生活，而是为了获得知识，并且是真正的知识。如今，我们学习的多类课程只是虚无缥缈的空中楼阁，画个漂亮的大饼来供人充饥，这何谈艺多不压身？就像一些人读到博士还被初中学历的无业游民成功诈骗，我想即使成了所谓的“人中龙凤”，也可能虎落平阳被犬欺。

一位哲学家搭乘一个渔夫的小船过河。行船之际，这位哲学家向渔夫问道：“你会做数学题吗？”渔夫回答：“不懂。”哲学家又问：“你懂得物理吗？”渔夫回答：“不懂。”哲学家再问：“你进行化学实验吗？”渔夫还是：“不懂。”哲学家叹道：“真遗憾！这样你就等于失去了一半的生命。”突然，一阵狂风袭来，小船被掀翻了。渔夫和哲学家都掉进了水里。渔夫向哲学家喊道：“先生，您会游泳吗？”哲学家大声呼救：“帮我，我不会，你快救我，我要淹死啦！”渔夫说：“很遗憾，那您就要失去整个生命了！”

在生死面前，不分贵贱。

在现实生活中，我们欣喜地看到，一些人、一些学校时刻关注学生安全，身体力行，毫不松懈。被誉为史上“最牛校长”的叶志平，生前任四川省绵阳市安县桑枣镇桑枣中学校长，一直践行着“安全高于一切，责任重于泰山”的坚定理念，一直把学生的平安放在心中最重要的位置。他一直强调，“无论是校长还是老师，保护学生的生命永远是最重要的。这是最高的职责，也是最基本的要求”。因此，叶志平每时每刻都在恪守这份职责。他不断地加固教学楼，并经常组织学生进行紧急防灾疏散演练。同时，每周的安全教育课更是必不可少。起初，这些行为得不到广大家长的理解与支持，认为这些与考大学无关，指责他不务正业。而当汶川地震发生时，仅用 1 分 36 秒，桑枣中学 2000 多名师生便全部撤出，无一伤亡。叶志平创造了奇迹，用教育的“良法”证明了自己。沧海横流方显英雄本色，1 分 36 秒，这是他人生中最决绝的一次绽放。

我不禁联想到十多年前造成二十多万人死亡的印度洋

特大海啸。2004 年 12 月 26 日当天，海潮突然急速退去——太壮观的场景了，真的一辈子都没见过，大量人潮欢呼雀跃地往深海处狂奔。他们无论如何也不知道这一点：如果海浪飞速下退，那么它接下来上涨的速度会和退下去的速度一样快。于是，21 世纪以来最惨痛的灾难来临了，数以万计的人顷刻间全被海浪吞没得无影无踪……

海啸来临时，一个名叫缇丽的小姑娘正和父母在泰国普吉岛海滩享受假期。就在海啸到来前的几分钟，缇丽的脸上突然露出惊恐之色。她跑过去对母亲说："妈妈，我们现在必须离开沙滩，海啸很可能会扑过来！"她说她看见海面上起了很多的泡泡，然后浪就突然打了过来，这正是地理老师曾在课堂上讲授过的场景。起初大家都不太相信，但缇丽大声疾呼一再要求大家立即离开。而后，海啸瞬间来袭，人们大惊失色，纷纷亲吻他们的救命恩人缇丽。这个海滩是普吉岛沿岸唯一没有人员伤亡的地方。

这个叫缇丽的小姑娘，挽救了众多游客的生命，被誉为"海滩天使"，得到了全世界的尊敬。而如果没有那位尽心尽责的地理老师和机智勇敢的缇丽，这些人恐怕都将死无葬身之地了。现在看得出什么才可称为艺多不压身了吗？掌握一些关键的本领，就能够在意外来临之际，拯救自己、帮助他人。

由此可见，老师在学校生活中担任着多么重要的角色。"师者，传道授业解惑也"。这个"惑"不仅仅是学习知识，也有各种生活基本常识与技能。如果老师科尔尼没有将海啸发生的征兆告诉学生，缇丽也不可能接收到这个信息，进而拯救了一百多名游客。有人说，教师应该善于挖掘孩子的潜能，培养他们包括学习能力在内的多方面能力，这种能力并不是仅仅通过课堂讲解就可以获得的，而是需要在校园生活中，通过各种方式潜移默化地影响学生。因此，尽管学校设置一些无用的课程，老师们也应该突破自己职能范围的局限，在课堂之余传授一些真正的知识，这是老师应尽的责任。

林语堂在《苏东坡传》里曾这样评价苏轼：一个不可救药的乐天派，一个伟大的人道主义者，一个百姓的朋友，一个大文豪，大书法家……失意时，可以“拣尽寒枝不肯栖，寂寞沙洲冷”；困境时，可以“竹杖芒鞋轻胜马，一蓑烟雨任平生”；人生得意时，也可以筑一条苏堤，并创一代书风、文风、画风。“寄蜉蝣于天地，渺沧海之一粟。哀吾生之须臾，羡长江之无穷”，在无穷无尽的长江面前，不禁哀叹生命的短促，冥冥之中，已经走进了一个困境，难以脱身，心怀苦闷，沉重的压力之下，只能借助文学来表白自己的心，感慨世事的纷扰与虚无。

苏轼更是一个实干家。虽然屡次被贬，但不忘百姓疾苦，始终如一和人民大众保持血浓于水的亲情，绝不像许许多多的“才子”，整日只知摇头晃脑泡在“子曰诗云”当中，满口“之乎者也”，读死书、死读书。穷则独善其身，达则兼济天下，逆境中也怀有坦荡、旷达、强烈的生活信念，再苦的日子都能被过得有滋有味，这种精神难道不值得我们学习吗？他为官清廉，不顾朝廷的压力造福百姓，革除弃婴陋习、劝农耕桑、开发煤田、抗洪抗旱，力主黎汉一家，积极投身良法善治，这些事迹都留在了人们心里，永远无法忘怀。

苏轼调任徐州。黄河在曹村附近决堤，在山东一带泛滥，汇聚在徐州城下，马上要灌进城里，人们争先出城避难。苏轼坚持奋战在抗洪抢险的最前线，他说："如果富人都出了城，民心一定会动摇，谁和我一起守城呢？只要有我在，就绝不让徐州垮掉。"于是将富民们赶回城中。苏轼回到大营，把卒长叫出来说："河水将要冲进城里，情势危急，你们虽然是禁军也要暂且为我尽力。"卒长说："太守您尚且不逃避洪水，我们这些小人物应当为您效力。"于是带领众人出营，修筑东南方向的长堤，堤坝从戏马台起，末尾与城墙相连。雨日夜不停，没有受损的城墙只有三版。苏轼天天住在城上，即使路过家门也不入，派官吏们分别在城墙各处守卫，最终保全了徐州城。[1] 现在，徐州的一景——黄楼正是苏轼

---

[1] 出自《苏轼徙知徐州》：徙知徐州。河决曹村，泛于梁山泊，溢于南清河，汇于城下，涨不时泄，城将败，富民争出避水。轼曰："富民出，民皆动摇，吾谁与守？吾在是，水决不能败城。"驱使复入。轼诣武卫营，呼卒长，曰："河将害城，事急矣，虽禁军且为我尽力。"卒长曰："太守犹不避涂潦，吾侪小人，当效命。"率其徒持畚锸以出，筑东南长堤，首起戏马台，尾属于城。雨日夜不止，城不沉者三版。轼庐于其上，过家不入，使官吏分堵以守，卒全其城。

所建，是徐州极具历史意义的名胜古迹，许多人来这里参观游览，表达对苏轼的无比崇敬之情。

苏轼就对一些“四体不勤、五谷不分”的人，进行了辛辣的讽刺。许多人只知其然却不知其所以然，根本不懂教育子女之道。

齐国有个富人，家里有很多钱，但是他的两个儿子非常笨，当父亲的又不教他。一天，艾子对这个富人说：“您的儿子虽然很好，但他们不通事务，他日后怎么能够持家呢?”富人大怒道：“我的儿子，聪明绝顶，怎么会不了解世间的各种事务呢?”艾子说：“不需要尝试别的，只要问你的儿子，米是从哪里来的，如果知道，我便承担造谣的罪名。”父亲就叫他的儿子来问他，儿子笑嘻嘻地说：“我怎么会不知道呢？米是从布袋里取来的。”富人神情变得严肃，改变面容说：“你这笨儿子，难道不知道米是从田中来的吗?”艾子说：“不是他的父亲，不生他的儿子。”❶（有这样的父亲，儿子怎么会不笨呢!）

---

❶ 出自苏轼的文章《米从何来》：齐有富人，家累千金。其二子甚愚，其父又不教之。艾子（艾子是苏轼杜撰的人物）谓其父曰：“君之子虽美，而不通世务，他日曷能克其家?”父怒曰：“吾之子敏，而且恃多能，岂有不通世务者耶?”艾子曰：“不须试之他，但问君之子所食者米从何来。若知之，吾当妄言之罪。”父遂呼其子而问之。其子嘻然笑曰：“吾岂不知此也，每以布囊取来。”其父愀然改容曰：“子之愚甚也，彼米不是田中来?”艾子曰：“非其父不生其子。”

纪伯伦在《论孩子》中提到：你们可以给他们爱，却不可以给他们思想。因为他们有自己的思想。你们可以荫庇他们的身体，却不能荫蔽他们的灵魂，因为他们的灵魂，是住在明日的宅中，那是你们在梦中也不能想见的。不必祈求谁都会成为苏轼这样既有学识又极富实干精神的人物，也不必担心培养不出全方位发展的人才。“学校者，造就人才之地也，治天下之大事也。”一切为了孩子，为了一切孩子，为了孩子的一切。在学校获取知识的过程，本应是一段快乐的旅程，我们应当竭尽所能，让素质教育得到落实，让每一门有用的课程成为每一位学生的“良法”，作为滋养祖国花朵的上佳补品；而诸如高数、工程图学之类的课程根本没有什么开设的必要，否则只会让花朵们带着枷锁跳舞，背负重担前行，这是一件多么痛心的事情。教育始终是教师的使命，但愿越来越多的教师能够通过良好的教育来给予孩子们更加深刻的思想和灵魂。但是，我们也必须意识到，这不仅仅是教师的责任，家庭、学校、社会更应该形成一股合力，我们期待有意义的教育造福更多的人，期待他们在成人之后仍然保有最初的天性自由，期待未来的教育体制会有惊人的变革，探寻中国教育之路，任重而道远。

推进人类和平，创造世界大同

非礼之礼，非义之义，大人弗为——孟子

心在人民，原无论大事小事；利归天下，何必争多得少得——胡耀邦

有些人因为贪婪，想得到更多的东西，却把现在所有的也失掉了——伊索寓言

自私与贪婪相结合，会孵出许多损害别人的毒蛇——艾青

一、无良法，天下乱

回看人类发展的文明史，是一部充满战争的发展史，从最初的远古猿人，到现代以东方和西方为代表的两种文明，在演进的过程中，战火的硝烟在历史的天空上弥漫，消失，再弥漫。

2015 年，是抗日战争暨世界反法西斯战争胜利 70 周

年，因此，这个话题再次成为焦点。中国的历史比欧洲更为悠久，期间经历的战火是有过之而无不及，每一次改朝换代，都是一次巨大的灾难，伴随着大量的死亡与破坏。战争就是露出狰狞面孔的魔鬼，张牙舞爪地吞噬着一条条无辜的生命，在硝烟弥漫中，民间生灵涂炭，百姓流离失所，那些生活在底层的人民，承受着战争带来的劫难，有的背井离乡、有的妻离子散，有的四处逃亡。近期爆发的难民危机，使抵达欧洲的叙利亚难民数量创下历史纪录，历经磨难之后，他们早已记不起哪里是国，哪里是家，凄苦不堪，心里烙上了恐惧的阴影……无止境的战乱让人间变成地狱，生活在这种国度的人们，对美好家园的憧憬，是到达不了的梦，灵魂也失去了安放的故土。

战争的残酷令人发指，但不可否认的是，有时它是一种自然的发展规律，它带来的毁灭是结束也是开始。一个旧事物的衰亡，往往伴随着另一个新生事物的兴起，正如兴亡交替，有兴必有亡，没有亡哪有兴，先进的取代落后的，开化的取代愚昧的，文明的取代野蛮的，人类社会前进的道路虽有曲折，但终究会向前发展，发展的规律是新事物的产生和旧事物的灭亡。旧的事物虽然落后腐朽，却不会无故凭空消失，不会即刻退出历史的舞台，当旧的事物阻挡新生事物发展时，生机勃勃的新生事物会逐渐把它取代，其过程有的时间长，有的时间短，有的激烈，有的平缓。纵观世界的发展史，绝大多数事物都是按这个规律繁衍生息的，而战争就是新生事物与旧事物交替取代时会发生的进攻与反抗现象。战争也是时代发展的助推器之一，在和平方式不能解决问题的时候，便只能用武力铲除旧体制和恶势力。清末，中国在内忧外患之下，被迫进行了一系列军事、经济、政治、法制层面上的变革，如开展大刀阔斧的洋务运动，派遣留学生，废除科举制，并着手清末修律，开始了立宪准备。尽管“播下的是龙种，收获的是跳蚤”，但至少在资本主义浪潮中迈出了意义深刻的第一步。通过这一系列的改革给当年摇摇欲坠的大清注入一针强心剂，甚至出现了一段“晚清中兴”，正所谓苦难造就人，如果没有帝国主义的插手，恐怕清王朝仍旧沉醉在天朝上国的美梦中永不清醒。这些景象代表了新生命的诞生，它们在萌动中酝酿了推翻旧社会的力量，这个时候封建体制已无法阻挡新时代的到来。

捣毁旧体制，推动社会经济向前发展，这是人类文明发展的必然趋势。然而经济越发达，生活越富裕，战火所带来的破坏性也就越大，人类更是损失不起。在生产水平落后的时代，爆发的是短兵相接的搏杀；在科技发达的现代，进行的是大炮导弹的对决，烧毁一个人烟稀少的小村，和炸掉一座高楼林立、人口密集的大城所带来的损失是截然不同的。一座座高楼拔地盖起，不知付出了多少血汗，而一颗原子弹下来，百年兴建的城市将在瞬间回到原始社会，几代人的心血将付诸东流，被原子弹“亲吻”过的土地会寸草不生，长时间失去繁衍生命的能力，很难再还原。有些战争会推动新事物发展，有些战争会毁掉人类的历史文明，世界很多文明会出现断层，跟战争有很大的关系。在四大文明古国中，中国的文化得到源远流长的最好传承，而其他的古文明大多随着战火消逝在历史的长河中。时代的车轮不曾停留，它依然向前碾动着，现在我们越来越感到社会的进步完全不需要战争来推动。邓小平说科学技术是第一生产力，科技的进步极大地改变了人们的生活，也改变了世界的面貌，回看世界近几十年科学技术的飞速发展，可谓一日千里。曾经名不见经传的小渔村，现已是幢幢高楼拔地而起，繁华自不必言；十几年前的大哥大只有通话的功能，现今发展到集通信、娱乐、理财、交通、生活为一体的智能手机，难道不是最好的证明吗？

70 年代的三大件，是手表、自行车、缝纫机。

80 年代的三大件，是冰箱、彩电、洗衣机。

90 年代的三大件，是空调、电脑、录像机。

现今的三大件应该是豪宅、宝马和智能手机。

现今的社会发展大多依靠科学技术，可是古代的科学不发达，生产力水平落后，加上统治者的观念陈腐，社会各阶级的矛盾重重，当一些群体被压迫、社会向前发展的脚步被束缚的时候，只能通过残暴的方式来解决问题。无论在过去还是在今天，战争所带来的恶果，都让人深恶痛绝。如今我们倡导遵守国际法治，和平谈判，倡导友好外交，倡导共同发展，在有矛盾发生的时候，努力寻求解决问题的最好方法。然而从前的统治者大都没有意识到社会的发展完全可以不依靠战争，他们眼里只有政权和江山，为了满足统治天下的膨胀欲望，不惜用千千万万的头颅和鲜血来换取。

能避免黎民百姓饱受战乱的苦难，顺应时势发展的作为无不是胜造七级浮屠，这样做在当时对他们的个人名誉有很大的负面影响，不但失去了君主帝位，还被称为贪生怕死的懦夫。三国时期著名的“坑爹男”刘禅就扮演这样的一个角色，他是家喻户晓的扶不起的阿斗，被视为一个贪图享乐、不思进取、智力低下的庸君，与其所在的三国时代格格不入。三国时代是英雄辈出，豪杰如林，大浪淘沙，长江后浪推前浪的一段激情燃烧的岁月，在那个时代涌现出了一批批广为流传的人物。刘禅的父亲刘备志存高远、才华出众，吸引了大批有才有德之人追随他死心塌地打江山，可刘禅却与他父亲相去甚远，历来被当作一个软弱无能的代名词来警示后人。想起刘备在世时被众多能臣武将所拥护，后人歌颂他“运筹决算有神功，二虎还须逊一龙”，他初出便能垂伟绩，但万万没想到一生的心血竟毁在了临终之前的白帝托孤，他把刘禅托付给诸葛亮，即便是孔明鼎力相助，刘禅还是有负众望，完全不能像他父亲那样壮志凌云、运筹帷幄，并将宝贵的天府之地拱手让人，落得国亡投降的一世臭名。

刘禅的懦弱无能常常成为后人的笑料谈资。赵子龙为了保护他，在长坂坡中七进七出，斩掉敌将50余员，血染战袍，才杀开重围。许多人说这位武神简直亏大了，早知道在千军万马中玩儿命救出的是这样一个败家玩意，倒不如直接缴械降曹更加省事。记得小时候我把自己的鼻子粑粑抠了出来，好奇地对妈妈说："我把它吃到肚子里行不行呀?"妈妈说："千万别吃啊，刘阿斗才吃这东西。"我大惊，再也不敢有这样的想法了。

如今看来阿斗并没有什么罪大恶极，正如张璠所言："刘禅懦弱，心无害戾。"虽然他屈服缴械，却避免了城中百姓遭受战火侵袭。一旦开战，魏军下令屠城，又当如何？成都城内必将是血流成河，手下的一干臣民们难逃杀身之祸。在他看来，能避免城毁人亡，自己不做这个皇帝又何妨。这是一种忍辱负重、克己为民，是充分考虑过成本与后果之后做出的抉择，是不得已而为之。至于举世闻名的乐不思蜀，倘若不施展韬晦之计，倘若他仍旧学南唐李后主写出"问君能有几多愁，恰似一江春水向东流"这种凄美绝伦的诗句，等着他的或许立刻便是一杯毒酒，根本不能在洛阳安乐度过余生。

这里对刘禅另一面的肯定，绝非是鼓励无原则的妥协放弃，正所谓良禽择木而栖，良臣择主而事，有时必要的让步并非绝对是一件坏事，若能放下贪欲，则退一步海阔天空。当一个政权民心丧失殆尽、大势已去之时，宁死不屈反而是一种迂腐，是愚忠。只要治理者能让老百姓更加安居乐业，能让国家变得更加富强，谁来执掌神器又有什么区别？谁当这个皇帝又有什么关系？纵观世界历史，有些战役打的也是值得的、必要的、符合历史潮流的，但“不义之战”还是占据了多数。如果魏蜀吴能够放下争夺帝位的独裁执念，少一些尔虞我诈，共同制定良法执政，是不是会好很多？可是，争强好胜的君主哪有心思去思考这些道理，他们认为天下就是自己的，大好河山必须和自己同姓，整个国家是本人的私有财产。每当遇到起义反抗，往往能想的都是出兵镇压，消灭反对势力，而极少能反省自身，站在别人角度去思考问题。偶尔能镇压几次，但次数多了，消耗的也是一个国家的财力、人力、物力。他们迷恋千万臣民跪地叩拜的飘飘然，更幻想着天下所有的人事都受他一人统治，卧榻之侧，容不下他人鼾睡，自己的财产，绝不可能拱手让人，在这种欲望的驱使下，便开始了无穷无尽的掠夺、瓜分，因为他们的私欲，遍地是“白骨露于野，千里无鸡鸣”的惨象……

近代有傅作义的投诚护北平。在解放战争进入尾声之时，国民党已经穷途末路，在两军最后的决战中，如何能让北京这座古都免受战争的破坏，完好地将它留存下来，经过三思之后，傅作义投诚了。从军人职责的角度来看，他是一个不忠的逃兵，但他使得北平免受战火的侵袭，为全世界留住了一个古都，对保护中华文化遗产、传承人类文明，做出了关键性的决断。若是在山穷水尽之时他还忠于蒋家王朝，甚至再搞一搞“焦土政策”，古老的北京城只能在双方的硝烟烈火中玉石俱焚，没毁在八国联军与日寇的手里，却断送在自己人手中，今天的我们再也领略不到故宫这世界第一大宫殿的恢宏壮丽，再也无法亲身体验颐和园的富丽堂皇，再也无法唱起《我爱北京天安门》这样脍炙人口的童谣。

傅作义投诚后并没有遭到囚禁，而是被委以重任，出任新中国第一任水利部部长。在长达 20 多年的任职生涯中，他恪尽职守，一往无前，经常不顾严寒酷暑，拖着年迈的身躯，奋战在水利建设的最前线，将后半生毫无保留地献给了中华大地，大江南北都留下了他的足迹。虽然他是个降将，但又有谁能否定他对新中国的贡献呢？无论年纪多大，精力、体力有多不济，还是要尽一切可能多做点实事、好事，这才是忠诚的最佳体现。如果他向忠于纣王而不食周粟的伯夷、叔齐学习，逃避现实，躲入山林，最终饿死在首阳山，只会遭到鄙夷与嘲笑。

在刘禅的背后有个诸葛亮，他受先帝三顾之恩、托孤之重，从此胸怀抱负，汉贼不两立，王业不偏安，力主北伐曹魏，克复中原，用他一生的才智和忠义挥写了“鞠躬尽瘁、死而后已”的卓绝史诗，这样的忠臣可谓绝无仅有，以至于后人云：“读诸葛孔明《出师表》而不堕泪者，其人必不忠。”

在后主刘禅不思光复汉室之时，诸葛亮仍旧对他寄予厚望，并上书道出“北定中原，攘除奸凶，兴复汉室，还于旧都”的必要性，诸葛亮倾其所有也要辅助刘禅完成其父的夙愿。可惜大势已去，不可能再逆转，蜀汉灭亡是在劫难逃的命运。他能精准预测赤壁的大雾来临而草船借箭，却做梦也想不到上方谷一役会突下大雨，司马父子本该葬身火海，孰料造化弄人，司马懿居然死里逃生。真可谓谋事在人成事在天，即使六出祁山，倾尽全力，但已是知天易而逆天难。对于后世读者，似乎都在为曹操败于赤壁而拍手称快，为刘备的夷陵之殇而扼腕叹息，对诸葛亮病逝于五丈原而肝肠寸断。很多人都埋怨老天为何如此不公？这样一个德比天高、光耀宇宙的贤相，为什么不让他赢呢？伟大的女作家冰心读《三国》时动情地哭了两次：其一是关羽败走麦城，其二是诸葛亮积劳成疾不幸逝世。杜甫曾赞叹于“诸葛大名垂宇宙”，悲怆于“出师未捷身先死，长使英雄泪满襟”，长恨于“江流石不转，遗恨失吞吴”，如此看来诗圣比来自巴蜀之地的诗仙更加热爱诸葛亮。可即使历史重写，即使是把吴吞了，把魏灭了，皇位有了，汉室兴了，又能怎样呢？难道大汉政权能逃过最终灭亡的命运吗？绝无可能，历史的车轮在不断前进，任何一个封建王朝都将分崩离析。再说说司马懿，司马父子是笑到了最后，把魏蜀吴尽收囊中，但其孙晋武帝司马炎是开国即有亡国相，亡国之君的毛病他都有，甚至不如东汉桓灵二帝，制度建设尽是败笔。[1] 大臣石崇与国舅王恺豪门比富，铺张浪费到无以复加，甚至随意夺人性命，一

[1] 张鸣．张鸣说历史［M］．北京：群言出版社，2015：22－23.

系列的恶法层出不穷，得不到遏制。一个刚刚建立的国家，本应勤俭勤勉、巩固政权，怎么会骄奢淫逸到这样的程度？蜀汉，走的是那样平静与坦然，生如夏花，死若秋叶，不带走一丝遗憾；可司马王朝接下来发生了什么？八王之乱、五胡乱华，中华大地面临亡国灭种的危机。西晋不过是比蜀汉晚走53年罢了。这怎么能说司马家就是成功者呢？

矛盾可以用和平的方式消弭无形，但手握兵权的君臣却被一些恨、一些夙愿、一些他们认为的“忠义之言”所蛊惑，就像许嵩《半城烟沙》唱的：“有些恨像是一个圈，冤冤相报无了结，只为了完成一个夙愿，还将付出几多鲜血。忠义之言，自欺欺人的谎言。”

何谓“忠义之言，乃自欺欺人的谎言”。在动武之前，哪一君臣不是义正词严，满腔热血，磨刀霍霍大干一场？可这实质上是什么？是为内心的无限私欲，是为维护“家天下”的独裁统治。至于汉室，也只是一个“家”，而绝非全天下人的“公”，刘备、诸葛亮也只不过打着汉室的旗号，想自己称王罢了，和曹魏、东吴并没有什么本质区别。曹魏并不是一个黑暗政权，蜀汉也并不比曹魏更加先进，就拿法制来说，魏国的立法成就远胜于蜀吴。忠义啊，多少罪恶假汝名以行之。[1] 司马光有句一针见血的评价：“诸葛亮自负才能，逆天而行，自取败之也。”甚至有

---

[1] 出自罗兰夫人：自由啊，多少罪恶假汝名以行之。

人说诸葛亮是个大奸臣，是最虚伪的男人。但我觉得，这样的局面也无关诸葛亮的人格，而是时代的局限性使然。

纵观几千年来的世界战争史，留下了不少经典战役，同时也造成了极大损失。何时应当妥协，何时必须战斗到底，自古至今都是争论不休的话题。在此关键时刻来临之际该如何抉择，对此我有三点看法：

第一，有无抵抗能力。这就要对时势有一个清醒的认识，否则是以卵击石，得不偿失。蜀国经过多年的穷兵黩武，国力损耗严重，已无再多抵抗能力。刘禅之子刘谌将妻子和几个儿子全部杀死之后自刎而亡，除了做无谓的殉葬品，博得“誓死维护汉家江山，为大业流尽最后一滴血”这样一个“好名声”，还能有什么呢？战官渡前，袁绍占据冀、青、幽、并，是当时最强的军阀势力，但郭嘉经过对敌我双方的缜密分析，提出“曹操有十胜，袁绍有十败”的论断，袁军虽声势浩大，但只是“虚胖”，冢中枯骨，不足为惧，曹操取胜的可能性是十足的。卢沟桥事变之后，日本发动大规模的全面侵华，国民政府节节败退，一股悲观的情绪笼罩在中国大地。毛泽东此时写了《论持久战》，驳斥了“速胜论”和“亡国论”，主张放手发动群众，让侵略者陷入人民战争的汪洋大海中，认为最后的胜利一定属于中国。这为抗战事业指出了光明道路。“二战”期间德日虽然得逞一时，但其地狭人稀，失道寡助，后劲不足，反法西斯国家的力量远大于法西斯国家，因此，轴心国无论如何也不可能具备称霸世界的实力。

第二，正义站在哪一方。正所谓顺天者存，逆天者亡。这里的“天”，正指“天道”，指不可逆转的客观规律，旧事物早晚会被先进的新事物取代。纣王无道，荒淫无度、残害忠臣百姓、罪行累累，人人得而诛之。识时务者为俊杰，武王伐纣是顺天而行，江山易主是大势所向，忠于纣王的人才是冥顽不灵。魏延正因认识到刘备是个仁德之君，韩玄为人猜忌多疑、残暴不仁、轻贤慢上，才果断斩杀韩玄，倒戈迎接刘备军入城，其在明主帐下效力的愿望可见一斑。安禄山是一个没有文化、没有教养的胡人，根本不是好主子的料，他的势力明显属于非正义一方；颜杲卿、张巡、许远等唐将忠臣誓死效忠，为平叛血战到底，他们的死，是重于泰山的。

第三，区分“内战”和“外战”。都是中华民族的一部分，同室操戈，相煎何急？魏和蜀只是中国两个不同的“党派”，刘禅降魏，只是国家内部政权的更迭，不论由谁统治，中华民族这

> 块招牌都没有被“易帜”。由此看来，蒋介石曾高喊的“中国亡于帝国主义，我们还能当亡国奴，尚可苟延残喘；若亡于共产党，则纵肯为奴隶亦不可得”是极其偏激和狭隘的。宁肯给洋鬼子也不给自己同胞，这种心态扭曲到了何种程度？相反，日本与中国是两个不同的国家，分属不同的血脉，其非我族类，日本军国主义更是无恶不作的暴徒。如果被日本征服，就亡国灭种了，中华民族的根就断了，这是万万不能接受的。

英美较早将宪政在本国确立，国内政治从此法律化、制度化，任何问题都可以通过法律来解决，国内的任何矛盾都不可能恶化为内乱、内战，他们的宪政体制已经保证了数百年的国泰民安，政权稳定，崛起成为世界强国。

改革开放以来，中国超过三十年没有发生内战、外战，其中一个重要原因是多年来民主法治的发展，使得大量矛盾纠纷可以通过法律得到较为公平合理的解决。[1] 这就是良法善治所带来的良好结局。但在中国古代或是近代，思想家们都是主张皇权至上，以维护统治稳固，他们有再多的才学与智慧，也跳不出时代的局限。面对暴君与苛政，在是可忍孰不可忍之时，一呼百应，揭竿而起，群

[1] 俞可平．国家底线——公平正义与依法治国［M］．北京：中央编译出版社，2014：45－46.

起而攻之，把姓张的狗皇帝拉下马，从而拥护扶持另一个姓李的新帝登基，都像傻驴拉磨一样循环往复，却从来没想到过用一套民主制度与良法体系去限制皇权，中国封建史上，从来没有一个更为理性平和的道路可供选择，都在这种冤冤相报中不断挣扎，一个政权推翻另一个政权，一个皇帝杀死另一个皇帝，但每一个新的政权从来都是以维护独裁统治为核心，破坏了一个旧世界，但创造的“新世界”不过是旧世界的翻版罢了。在这样的统治下，没有良法善治，皇权的至高无上超越了一切。水能载舟亦覆舟、得民心者得天下、守业更比创业难的大道理许多人都明白，谁都能夸夸其谈地道出个一二三，但如何才能真正赢得民心，如何才能守得住江山大业，统治者完全找不到一条最可靠的途径。从秦汉到明清，法治建设几乎没有得到什么改善，“重刑轻民”的思想从未有过变化，皇权至上根深蒂固，民主与人权的踪影丝毫不见，社会进程就是在这样日复一日、年复一年地原地踏步。

二、人生何必斤斤计较

在古代的文人墨客中，有不少爱国主义者，胸怀大志，向往太平，心系民生，但命运总是让他们仕途多舛，不能施展抱负，只能寄情于山水之间。苏东坡是我最喜爱的文人，没有之一。几千年来涌现的风流人物数不胜数，多如繁星，却也没有任何一人能代替他在我心中的位置。

和同乡李白一样，他是一个“无可救药”的乐观主义者，不论是顺境还是逆境，他都能以最为阳光的心态去面对一切，将生命完全融入到了大自然当中，且从不记恨那些弹劾、诬告、迫害他的人。如果你去读一读苏东坡，一定会受益良多。

自我懂事起，家人时常会跟我提起孩提时的一件事：自我出生之日起，姥姥就一手把我带到两岁会走路说话，但最终还是要分别。那天晚上家里人送姥姥、舅舅他们走了好远，路上姥姥一直把我抱在怀里走着，母亲担心姥姥劳累，几次劝说要从姥姥手里把我抱过来，姥姥说，多乖巧的外孙，再抱会儿，再抱会儿，母亲也强忍着泪水，一边哄着我，一边劝说着姥姥。也许是怕家人伤心，大家虽然心里难受，但谁都没有哭出来。那时候都还很穷，交通不便，通信也极不发达，离愁别绪，会让人有着相见时难别亦难的伤感，经此一别不知何年何月再相见……最后挥手告别时，我不知怎么的，突然断断续续地吟出了“但愿人长久，千里共婵娟”的词句，霎时间一家人全都哭得稀里哗啦。仓促人生，见一面便少一面，苏轼的感人佳作，将埋藏在炎黄子孙内心里的离别之情挥洒得淋漓尽致，深深地渗透到了每一个人的血液中，让我们感觉他和我们是这样的亲近，似乎一直陪伴在我们身边从未离开过一样。

关于苏东坡的趣事，简直不可计数。

一次苏东坡去找佛印和尚下棋，刚走进寺

庙，他就高喊一声："秃驴何在?"佛印和尚答："东坡吃草。"东坡碰一鼻子灰。

苏轼像

再一次，苏东坡到金山寺与佛印和尚一起打坐参禅。坐了一会儿，东坡觉得身心十分通畅，便问佛印："禅师，你看我打坐的样子如何?"佛印看了一下东坡，点头赞道："嗯！不错，像一尊大佛。"东坡非常高兴。佛印随口也问："你看我的坐姿如何?"苏东坡不屑地说："咦？我看你啊，就像一坨牛粪！"。佛印听了，并不动怒，只是微微一笑。

苏东坡像捡了个大便宜，得意扬扬地回家了，把经过告诉了苏小妹。苏小妹得知实情后，颇不以为然地说："哥哥，今天真正输的是你。禅师是心中有佛，所以才视你如大佛；你心中有牛粪，所以才视禅师为牛粪啊！"

这两个小故事中，苏轼试图嘲弄别人，却偷鸡不成蚀把米，搬石砸脚。当然这些可能只是传说，真实性无从考证。而俗话也说，朋友关系越好，说话方式就越随便，也只有乐观开朗的苏东坡，才能在被贬之后于山水田园间如此怡然自乐。

苏轼一生颠沛流离，历经杭州、徐州、密州，辗转多地，从未有过一日稳定的生活。生活和仕途的大起大落，并没有将其击垮，他也从未因受到打击而看破红尘、感叹世态炎凉，相反越挫越勇，造就了豁达的胸襟。每至中秋佳节，我们仰望星空，享受笼罩在皎洁月光下带来的无限美感，津津乐道于“明月几时有，把酒问青天”以表达对亲朋挚友的思念之时，可曾想到他因言获罪而入狱，遭受严刑拷打，后在多方援助之下，才得以大难不死。都说大难不死必有后福，可命运还是一次次地跟他开起了玩笑。后来被下放黄州，处于人生的低谷时期，他没有痛斥当朝的腐败，也没有抱怨命运的不公，而是挥手写下了他一生当中最美的绝唱——《念奴娇·赤壁怀古》：

大江东去，浪淘尽，千古风流人物。
故垒西边，人道是，三国周郎赤壁。
乱石穿空，惊涛拍岸，卷起千堆雪。
江山如画，一时多少豪杰。

遥想公瑾当年，小乔初嫁了。
雄姿英发，羽扇纶巾，谈笑间，樯橹灰飞烟灭。

故国神游，多情应笑我，早生华发。

人生如梦，一樽还酹江月。

千百年时光飞逝，早已物是人非。曹孟德，周公瑾，还有刘备、孙权、诸葛亮，都曾经活跃在历史舞台上，皆乃盖世之英豪，但这些气壮山河的千古风流人物现如今都到哪里去了呢？小乔嫁给周郎之时，两人是男才女貌、天造地设的一对，初见时那样情意缠绵，可终究还是敌不过岁月的侵蚀打磨。立于赤壁江边，苏轼看到了什么？也许他看到了，与王弗、王闰之一起搀扶走过的风雨兼程；也许他看到了，辽宋夏你来我往的不断纷纷扰扰；也许他看到了，八百年前的此地，孙刘联军火攻曹操，那样的精壮之师，那样全副武装的铁甲战船，霎时间灰飞烟灭，不堪一击。同时，此时的他想说的是：我们不惜代价，去苦心计较、经营的一切，终究也都灰飞烟灭，到最后其实什么都不会留下。人为什么非要这样去勾心斗角、纠缠不休，拼个你死我活、头破血流？争的是什么呢？即使付出巨大代价，扫清六合、席卷八荒，最终也成了再也回不去的历史，到头来一切终归黄土，人生恰似一场梦，拥有再至高无上的地位，也会在岁月中了无踪迹。

1082 年的 7 月 16 日，苏轼和几个友人在古战场赤壁泛舟游玩，江面平静，凉风拂面，神清气爽，好一番惬意无比的风景！过了一会儿，明月慢慢升起来了，在星云之间徘徊。白茫茫的雾气笼罩在江面上，水天一色，坐在船里自由飘荡，就像变成了神仙，远离了喧嚣纷扰的尘世，朝天边飞去。

这时候，酒兴正酣，唱起歌来："桂木船棹啊香兰船桨，逆着流水，迎击空明的粼粼波浪，我的情意悠悠远长，心中那圣明的君王啊，你到底在何方？"客人中，有一个吹箫的能手，箫声呜呜然，像是在思慕，又像是在低声哭泣，余音悠扬，久久不散，能使深谷中的蛟龙为之起舞，孤舟上的寡妇听了也会落泪。

苏轼忽觉有些不对劲，顿时眉头紧锁，不解地问道："弹出的调子为什么会这么悲伤呢？"客人说："'月明星稀，乌鹊南飞'，这不是曹操的诗句吗？从这儿向西可以望到夏口，向东能够远眺武昌，这不正是当年曹操被东吴围困的地方吗？当初曹军大举南征之时，战舰绵延千里，飘扬的旌旗把天空遮挡得严严实实，数十万大军，浩浩荡荡，好不威风啊。曹孟德手持大槊，写出了《短歌行》那样豪迈磅礴的诗句。可是那么庞大的势力，那么强悍的枭雄们，现如今已不见踪影，更何况我们这些无名小辈，在江边山上以钓鱼砍柴为生，浊酒相敬，渺小如海中的沙粒，生命短暂，多么想和神仙们一起，相拥明月永存人世间——当然，我知道这是不可能实现的，所以只能长歌当哭，把箫声余音寄托融释在这悲怆的秋风里啊！”

苏轼说：“你可知这江水与月亮？江水虽然滚滚东去，其实并未消失；月亮有圆有缺，但同样是没有任何增减。如果从事物善变的一面来看，那他们无时无刻不在瞬息万变；如果从事物不变的一面来看，自己与世间万物是融为一体无穷尽的，这又有什么可羡慕的呢？天地之间，如果不是自己应得的东西，即使是一分一毫也不要索取。只有柔美的清风和天上的皎洁明月，我们随时能见到，每刻都能亲身感受到它们的美丽亲和，谁也不能阻挡，这是上天赐予的无尽宝藏，值得我们享用一生。”

说罢，在场所有人顿时转悲为喜，觥筹交错，把酒言欢，不知不觉天已开始蒙蒙发亮。

人生有三道坎谁也迈不过去：第一，没有谁会一帆风顺，数不尽的挫折艰辛总是相伴相随；第二，任你拥有再耀眼的星光，也会逐渐暗淡、褪去，走向泯灭；第三，无论你是什么人，都将被历史的浪花卷走，成为海底的尘埃，也或化作一缕青烟，消失在无边的天际。人总有一天要离开这个世界，如果人总是不死，那活着还有什么意义。这种彻底的唯物主义让我们惊讶而又折服，有了这样的人生观，他从不追慕虚荣，从不计较个人得失。他不是不想当官，他忠于大宋，热爱他的子民，亲力打造的苏堤、东坡雪堂救儿会（世界史上第一家孤儿院）正是最佳体现，却从不把做官当作自己唯一的途径；他是党争的受害者，却从未想过去害别人；他从未掌握多大权力，却赢得了所有后人的心。诸如蔡京之类奸黠苟且之辈也有歪才，把宫殿修得再豪华的人也无法长留，只有少数人才能被历史所铭记，奉为神明，得到永存。

中华民族走过的路上，曾经涌现过多少强大的政权，最后都一个接一个消逝不见，更何况我们身边所有不值一提的事？如果每一件小事都记恨，那活着该会有多累。苏轼想说的是，人生没有什么是值得斤斤计较的，当我们对“韶华易逝，容颜易老”大彻大悟时，就要学会放下“此恨绵绵无绝期”，无论发生什么，最终也只是一场空，走到最后，你会发现什么都不再重要了，所有喜怒哀乐都将彻底逝去，不见踪影。如果是爱，请精心呵护；如果是贪欲，请尽早放手。人生来时两手空空，去时也两手空空。那些富可敌国的王侯将相，深陷名缰利锁之中，不仅为自己，也想让财富在子孙手里一代代往下传，可是现在他们都到哪里去了？千百年后，我们知不知道他们的后人又在何方？为自己建造富丽堂皇的陵墓，最后还是会被后人挖掘出来，成为人人皆可参观游览的风景，不再是他们的私有之物。真正能传承的，不是财产，而是精神。

三、放下仇恨，拥抱生活

无可否认，仇恨是一种人时常会产生的正常情感，但是否我们就应当让人生定格在与仇恨的横眉冷对当中而越走越远？思想家培根曾经说过：“如果他能够宽容别人的伤害，就证明他的心灵乃是超越了一切伤害的。”面对伤害，我们并非一定要用“以牙还牙，以眼还眼”的方式进行复仇，放下仇恨，用宽恕的心面对难以逾越的一切，反而能拥有更多的精彩。或者说，人的一生有好多风景等着我们去用心体会，如果将自己人生的主题定义为报仇，老是在挣扎痛苦与纠结当中，就如同画地为牢，又怎能拿出时间来爱自己所爱的人呢？

很难想象一场战争会持续一百年以上，但爆发在1337年的英法百年战争就是这样。英国和法国这两个隔海相望的国家，这一次又一次大大小小、断断续续的战役持续了116年，是世界史上最长的一场战争。由于战争是在法兰西领土内进行，因此法国遭受的损失极大，但为完成统一扫清了障碍，为日后称霸欧陆打下了基石；英国也没在这场持久战当中捞到多少好处，此后被迫放弃称霸欧洲，转而向亚非拓展殖民地。英国也一直推行“大陆均势政策”，以此来维护自己的海上霸权。

或许当人们经过数百年以后，回头审视这一场百年战争，两个国家你来我往地纠缠了百年，到底最后得到的是什么呢？在这百年里，且不说两国的经济、政治和文化如何停顿和倒退，而仅仅是那一个世纪里英法人民遭受的深重苦难就足以让后人唏嘘不已。战争漫长，期间又赶上黑死病肆虐，使得英法两败俱伤。一位历史学家曾经这样说过："百年战争是一场持续百年的屠杀游戏。当两国的皇族及贵族为了自己所夺得的利益而庆祝的时候，那些痛失家园及亲人的无辜平民却只能在无声地痛哭。战争打了一百年，人民也哭了一百年。"是的，他们不过是用别人的鲜血染红了自己的乌纱，在这因仇恨而生的战火中，弥漫在硝烟里的，除了刀剑和炮弹，更多的还有被仇恨所吞噬的哀号和眼泪。

这就是仇恨为两国所带来的深重灾难，如果在战争之初，两个国家可以放下仇恨，英法两个民族以及千百万的无辜人民，都可能拥有一个不一样的百年。曼德拉说："当我走出囚室迈向通往自由的监狱大门时，我已经清楚，自己若不能把痛苦与怨恨留在身后，那么其实我仍在狱中。"仇恨的产生或许无法避免，但仇恨并不是释放伤害的灵丹妙药，反而是带来更多、更大伤害的屠刀，将国家和人民囚禁在枷锁中，成为所衍生的另一颗苦果。

"弄错后，轻轻说对不起，没关系，不论失去了什么，都没痕迹；每一次，让泪水流回心里，去灌溉梦想开出奇迹"，许飞的这首《我要的飞翔》，唱出了许多人的心声。在成长的道路上，人总是难免会受到伤害，又或是有无法释怀的失去和痛苦，很多人在受到不公平的对待时，会怨天尤人，会责问命运的愚弄，甚至因此而沉浸在对社会、对他人的怨恨中一蹶不振。然而，同样也有些人，没少受过伤，但没有将自己止步于那一次又一次的怨恨中，他们从来不去记恨，更不会去仇视眼前的世界，或许正是因为他们明白，仇恨永远不可能弥补你所失去的一切，它只会让你失去更多，迷失在那无可自拔的世界里。

“二战”过后，欧洲国家纷纷改变了以往的敌对态度，以合作代替争夺，共同翻开世界现代史的新一页。每个国家都应该是朋友，却一次次地兵戎相见，这难道不是“弄错了”吗？倘若能真正放下仇恨，其实根本没有永远的敌人。德国在“二战”后深刻地反省了自己的罪过，并用其后漫长的岁月进行了救赎，尤其是勃兰特总统在华沙的那一跪，永远定格在人们的脑海里。《德意志联邦共和国宪法》开篇就是：“我德意志人民意识到自己对上帝和人类之责任所在，本着作为一个联合欧洲中的一个平等成员为世界和平做贡献的意愿。”和我们每一个平凡的人一样，握手言欢需要一方的“对不起”，也需要另一方的“没关系”，或许正是因为他们明白，在欧洲千年来发生的大大小小的战火中，失去了很多很多，许多人失去了生命，大量文化财产遭到毁坏，社会也因此而停滞不前，面对未来，每个国家都希望能得到和平，谋求共同发展，那么就该让所有的仇恨随风而逝，了无痕迹。丘吉尔提及“二战”后的欧洲：“现在的欧洲是什么？它是一堆瓦砾，是一藏骸所，是瘟疫和仇恨的发源地，一座大坟场！”但经过了仅仅20年，发展带来了希望，欧洲很快恢复了往日的生机，灌溉出了一个又一个的奇迹，联邦德国通过实行非军事化政策、发展教育和科技进步实现了经济的起飞，其他国家也是发展迅速。宽恕掩盖了仇恨，和平代替了纷争，如果还耿耿于过去的纠结中无法释怀，那就永远别想飞起来了。

华沙之跪

现今，欧洲国家联合成在国际社会上无论经济实力还是政治地位都遥遥领先的欧盟，更关注于彼此互利共赢的新征程，抹去了以往的各种芥蒂，采取多种合作措施，如建立关税同盟，取消贸易壁垒，成员国之间签证互通，加强环保合作，这一系列的“良法”让欧洲取得持续不断的善治，成为经济进步、风景秀丽的人间天堂，凡在欧洲有过留学甚至只是简单旅行经历的人一定感触很深吧。欧洲各国一道书写新篇章感动了世界，更因此在2012年获得了诺贝尔和平奖，理由是欧盟“逾60年在推进欧洲的和平与和解、民主与人权方面做出的贡献。”一个只知道以牙还牙、秉持丛林法则的民族是不会有未来的，仇恨的产生是一场悲剧，执着于仇恨也许无可厚非，但能放下仇恨，饶恕别人，是人最大的美德，是一种比天高比海深的胸怀。

有一个富翁，他有三个儿子。在他年事已高的时候，他准备把自己的财产全部留给三个儿子中的一个继承。但究竟留给谁呢？富翁决定让三个儿子花一年的时间周游世界，回来之后看看谁做出了最高尚的事情。

转眼一年过去，三个儿子也回到家中，富翁要三个人讲一讲自己的经历。

大儿子说：“我在游历世界的时候，遇见了一个陌生人，他十分信任我，把一袋金币交给我来保管，但后来他意外去世了，我把金币一分不差地交给了他的家人。”

二儿子说：“我曾到过一个贫穷的小村，有一个穷人掉进了湖里，我立刻跳下水将他救起，并给了他一笔钱。”

三儿子说：“在我旅行的时候，遇到了一个人，他总惦记我的钱包，总想偷我的钱包，一路上千方百计要加害于我。但后来他在一个悬崖边睡觉，我只要轻轻一踹就能让他滚下山崖，但我觉得不能那么做，又怕他摔死，于是叫醒了他，然后继续赶路。这实在不算什么有意思的经历。”

富翁听完三个儿子的陈述，说：“诚实和见义勇为都是一个人应有的基本品德，但距离高尚还差得很远。本有机会报仇却主动放弃，帮助自己的仇人脱离危险，这样的宽容之心才是最高尚的。我的财产全是老三的了。”[1]

所以说，真正的强者从来不是靠锱铢必较的争斗赢得别人虚情假意的恭维，反而是用宽恕、用善意去融释恨意，用德举来化解怨恨的人，才能得到真正的佩服和尊崇，因为放下仇恨，远比被仇恨主宰一生更需要勇气，更有价值。国家如此，做人亦如此。当重新走出狭窄的世界，就会发现生活其实有更多值得我们珍惜的一切，而过去只是因为我们太多去专注于吞噬我们心灵阳光的乌云，将迎接世界的天窗关闭。放下仇恨，拥抱生活，这并不是一件困难的事，只是需要一份释怀、一股勇气以及一颗宽恕的心，放过别人的同时，也是放生我们自己，使自己专注于迎接每一缕明媚阳光。

---

[1] 傅毅．放下，就是幸福［M］．北京：中国华侨出版社，2013：71.

四、越想得到什么，就越得不到什么

权势对世界说：“你是我的。”
世界把权势囚禁在她的宝座下面。
爱情对世界说：“我是你的。”
世界便给予爱情以在她屋内来往的自由。

——出自泰戈尔《飞鸟集》

都说恋上一座城，是因为里面有你深深爱着的人。同样，爱上一座城，也可以是因为许多从未见过的人，虽然他们早已离我们远去，但总会不经意间从记忆中悄然拾起，将你的心弦轻轻拨弄，细细品读回味，感受着他们的感受，一种莫名的感动激荡着你的脑海——正如毛泽东之于长沙，周恩来、王羲之、陆游、鲁迅之于绍兴，包拯之于开封，苏轼、岳飞、于谦之于杭州。你的内心里，总有一个无可替代的位置是专为他们而留出的。

这，才是旅行的真正意义。

印度大文豪泰戈尔是中国人民的老朋友。2013 年初，我有幸代表云南大学前往泰戈尔创办的印度国际大学进行交流访问。

印度国际大学位于西孟加拉邦的一个小镇当

中，距离加尔各答市区有150公里。这个小镇名叫圣蒂尼克坦，是泰戈尔的父亲命名的，意为"和平安静的地方"，张大千、叶浅予将它翻译为"寂乡"，我们也称之为"和平乡"。国际大学隐藏在茂林修竹中，曲径通幽，原生态的自然美，让人获得在大城市无法给予的静谧祥和，似乎能听到圣贤的低吟声，大有天人合一的磅礴之感，这立刻使我联想起古希腊哲人亚里士多德创办的"逍遥学派"——师生们在宽阔的林荫大道里席地而坐，尽情放肆地讨论各种各样的问题，好奇的猴子和狗儿们也不时前来做个意趣浓浓的旁听者。这种逍遥自在的学习模式，实际上蕴含了深刻的平等、自由的教育理念，成为国际大学这边独好的风景。

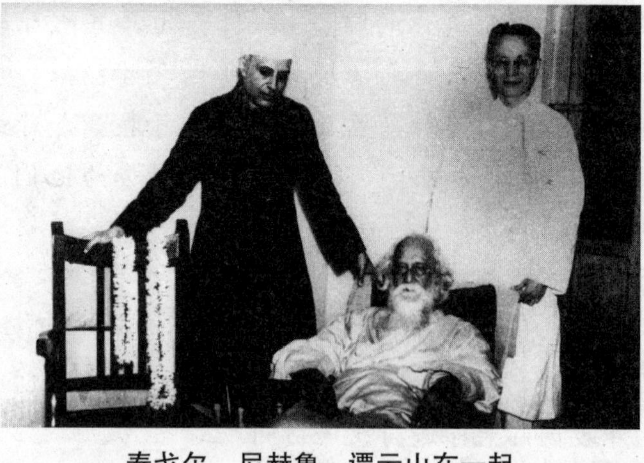

泰戈尔、尼赫鲁、谭云山在一起

1913 年，泰戈尔获得诺贝尔奖，这所大学是泰戈尔用自己获得的诺贝尔奖学金建立的，但究竟它与我国有着怎样特别的情缘呢？那还要从另一个中国人说起——谭云山，湖南茶陵人，毕业于湖南省第一师范学院，和毛泽东是同学。1927 年，他与泰戈尔相遇在新加坡，这个年轻的小伙子让泰戈尔赞叹不已，两人遂结为忘年之交，而后谭应泰戈尔之邀，放弃了新加坡的优越条件，只身来到和平乡，克服重重困难创办学校。终于在 1937 年 4 月，中国学院宣告成立，谭云山任中国学院首任院长。谭云山的办学宗旨是："研究中印学术，沟通中印文化，融洽中印感情，联合中印民族，创造人类和平，促进世界大同"。自此，中印交往开启了新的篇章，一直到今天，中国学院都是印度培养汉语人才的最重要基地。谭云山为促进中印友好，传播中印文化倾注了一生心血，他有着"现代玄奘"的美誉。

泰戈尔出生于一个贵族家庭，属等级最高的婆罗门种姓，虽然自其诞生起家族已开始走向没落，但仍然居于"第一世界"之列。可泰戈尔就是没有一点"公主病"，从来都是为自己想得少，为别人想得多。泰戈尔爱憎分明，关心底层劳动人民，提倡彼此同情，力争妇女解放，扫除人间罪恶，始终站在正义一方，让社会充满爱。他的诗歌属于全世界的人民。早在1881年，年仅20岁的他写出了《死亡的贸易》一文，揭露殖民者的种种罪行，强烈谴责英国向华输出鸦片的丑恶行为。日军侵华时，他全力支持中国抗战事业，鞭挞侵略者的可耻行径，他指出：虽然日本会得一时之利，但将失去中国这个朋友。全世界都被他的大仁、大才、大德和大爱所感召，我国许多专家学者诸如徐悲鸿、张大千、冰心、陶行知、金克木、周而复、常任侠、吴晓铃等都曾慕名前往国际大学求学访问或任教，留下了足迹。

国际大学也一直都是中国的坚强后盾，是中国人民身后不可或缺的支持力量。抗日战争爆发之后，印度派出了援华医疗队，特意请谭云山为每一位队员起了一个中国名字，谭云山提议：在他们每个人名字后面加上一个“华”字，于是，五位医疗队员都有了他们的中文名：爱德华、柯棣华、卓克华、木克华、巴苏华。其中柯棣华最为著名，他为反法西斯战争的胜利献出了年轻的生命，永远长眠在中国的土地上。1957年，周恩来总理与贺龙元帅访问印度国际大学，高度称赞谭云山为促进中印文化交流做出的不懈努力，并题词留念。谭云山的儿子谭中先生，子承父业，继续为中印友好事业不断前进。

2014年，国际大学中国学院获得了中国政府颁发的和平共处五项原则友谊奖。

访问团一行与印度学生代表们在国际大学中国学院正门口的合影

国际大学之所见

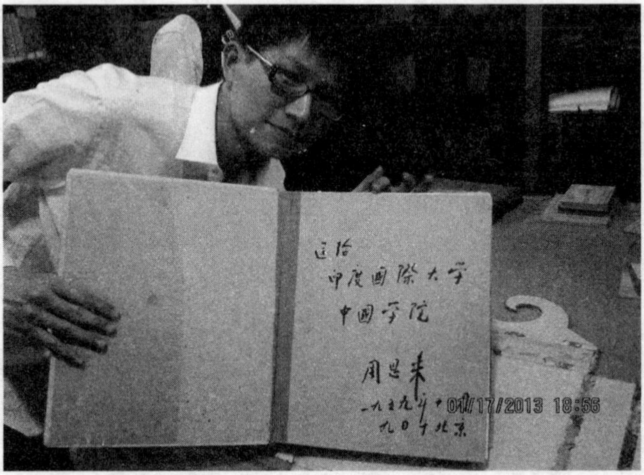

周恩来总理的亲笔签名，这可是千金不换的稀世珍宝

作者与谭中先生在云南大学会泽院内合影。谭中曾获国际大学颁发的最高荣誉学位，是中国第四位获此荣誉的人，前三位是周恩来、谭云山、巫白慧。

中国学院所获的荣誉表彰

人性的贪欲让那些狂热者们忘了起码的一点：江山不是自己的私有财产，是全天下人共有的财富。早在两千多年前的《吕氏春秋》中就提出“天下，非一人之天下也，天下人之天下也”。人生下来本就没有贵贱之分，而是人人平等，没有人注定受人奴役。法律的价值包括秩序和正义，二者不可偏废，更何况秩序是为正义、为人权服务的，正义、人权的价值在秩序之上，如果只强调维护森严的等级秩序而忽视了正义，只能造成怨气横生，甚至祸起萧墙，只会导致秩序的更加不稳定。这个时候把江山攥得越紧，江山越会在指缝里迅速流失。

秦始皇就是最典型代表。他创造了华夏一统的大业，建立了首个多民族的中央集权国家，这一切让他的欲望得到了前所未有的膨胀，在这个时候他不是想着怎么造福百姓，而是想着怎么统治百姓，让所有的人都对他俯首帖耳，并萌生了永远统治世界、长生不死的狂妄想法。在这种欲望的促使下，他施行严刑峻法，焚书坑儒，大搞文字狱，用打天下的手段治天下，以为靠这样的恶法就能压制人们的言行，牢牢维护所谓的“秩序”。可是他错了，即使烧了儒家经典，破坏文人书生，可“坑灰未冷山东乱，刘项原来不读书”的结局一触即发，失良法者失民心，失民心者失天下，秦始皇万世永存的妄想最终幻灭，仅仅二世便瞬亡。

为维护专政而残害同胞的不仅有秦始皇，离现在最近的国民党也是争夺权势的典型。抗日战争结束之后，为了维护大地主大资产阶级专政，国民党冒天下之大不韪，悍然发动内战，妄图消灭共产党，促使中国重回专制的时代，结果是自取灭亡。

许多东西，根本不是争出来的，你越争，它就离你越远。

国家的内战多根源于内部的矛盾，底层人民不满当朝的统治，会揭竿而起，愤然反抗；臣子觊觎皇帝的高位，也会谋权篡位，这些内部战争此起彼伏，推动时代变化着、发展着。爱国主义被看作是最为崇高的现代民族精神，如果连国家都不爱的人，什么都不会爱。热爱祖国，报效祖国是当代青年最崇高的理想信念。但这种爱是有原则的、是要有理智的，不能被冲昏了头脑，扮演“爱国贼”的角色。在人类的历史长河中，除了内战，还有惨绝人寰的对外侵略，可怕的是那些士兵对自己成为杀人不眨眼的魔头却浑然不知，当他们手上沾满鲜血的时候，却认为是在为民族战斗、为国家战斗，并以此为一种莫大的荣耀。这种扭曲到极致的“爱国主义”让他们是非不分，泯灭良心，通过这种方式虽然让版图得到暂时扩张，但这种“得到大半壁江山”也是极其短暂的，他们会成为全世界的公敌，最终溃败潦倒，带来深重灾难。美国在世纪交替之际发动了阿富汗、伊拉克战争，但这并未解决什么问题，没给自己带来什么好处，反而给美国及其盟友带来了一系列的麻烦。这意味着霸权主义、丛林法则越来越行不通了。[1] 互利才能共赢，单边主义是不可能长久的，我们也常说乐于吃亏的人最终吃不了亏，赚得好人缘，必然机会多。

自古以来，我们崇尚儒家文化，我国被誉为礼仪之邦，在中国传统文化体系中，百善孝为先，孝子历来备受推崇，比如为父温席的黄香，卧冰求鲤的王祥，哭竹生笋的孟宗。这种在单个家庭里培养的孝，小孩长大后步入社会，大多数会慢慢演变成对君王的忠。而是否孝顺，在古时是君王上司考察和任用官员的标准，汉代便实行举孝廉制度。这种孝对国家治理也是方便有用的，常说忠君爱国，上阵父子兵，都是以孝为基础。不少国君推崇以孝治理天下，但尽孝也有原则，在不采取不正当手段、不危害他人利益的前提下行孝，才是真正的仁爱之孝。《弟子规》

[1] 吴建民. 如何做大国——世界秩序与中国角色［M］. 北京：中信出版集团，2016：56.

中开篇便强调首孝悌：父母呼，应勿缓；父母命，行勿懒。但如果为了双亲，去偷去骗，甚至杀人越货，违背天理，这算是哪门子孝道？比如郭巨“为母埋儿”，就是应当摈弃的一种愚孝和伪孝，触犯国家法规，最终会受到法律制裁，自己“进去了”，把父母孤零零地留在家里独守空房，这是对孝道的一种玷污。我们需要把传统国学与现代法治精神相结合，去伪存真，防止其糟粕的一面对法治造成伤害。而《弟子规》不愧是中华文化的瑰宝，别忘了接下来还有这样几句：“亲有过，谏使更，怡吾色，柔吾声；谏不入，悦复谏，号泣随，挞无怨。”父母是过来人，人生经历必然多于我们，但不代表他们不会有错误，做子女的必须尽心尽责，明知父母有错，却听之任之，不帮助纠正，即是“不孝有三”之一。把从子女对父母的孝延伸至子民对国家的忠，也是这样的道理，如果为了国家强大而去伤害其他民族，这也能称得上是爱国吗？中华文化摈弃这种恶行，这个民族的忠孝建立在仁道、礼仪之上，所以中国人具有文明礼仪的血脉，尊崇“人不犯我，我不犯人”的原则，即使中国强大了，也绝不会做以邻为壑的事。经过五千多年的沉淀，我们发现中国早已不是一个好战的民族，而是一个爱好和平友好的民族。中国是和平共处五项原则的积极倡导者和坚定实践者，中国不认同国强必霸，中国血脉里没有称王称霸、穷兵黩武的基因。[1]

---

[1] 习近平在和平共处五项原则发表六十周年纪念大会上的讲话。

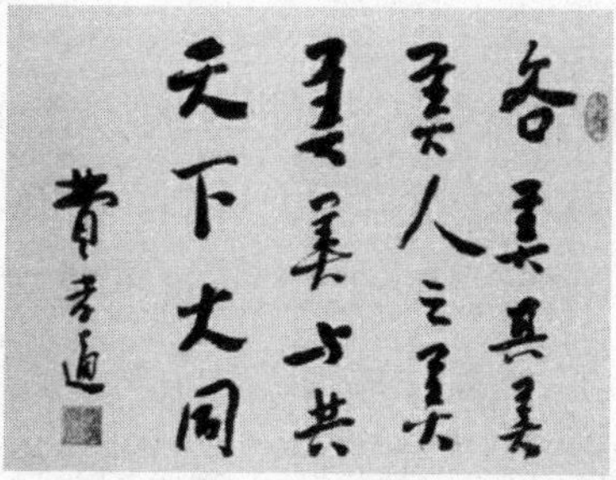

费孝通手书：各美其美，美人之美，美美与共，天下大同。这是他不懈追求的目标。

推动世界大同，是许多仁人志士一生的梦想与追求。爱好武侠的我想起了另一位与苏轼同时代的人——《天龙八部》的主人公萧峰，他是一个契丹人。当他还嗷嗷待哺的时候，母亲和族人却被中原人误杀，自己成为一个孤儿被寄养在中原，后来他凭借超强的个人能力成为天下第一大帮的掌舵者，为丐帮事业呕心沥血，誓死效忠大宋，为人行侠正义，在江湖上也乐于助人。但即使他问心无愧，站得直、行得正，还是难逃小人的陷害，在背负杀害养父母、恩师的重重骂名下，加上他流着契丹的血液，还是被赶出了中原。而转眼作为位极人臣的南院大王，在耶律洪基准备挥师南下之时，萧峰为了自己的民族而战，当属天经地义。虽然他说自己在南朝长大，受汉人的养育之恩，可别人若早知他是契丹人的事实，还会抚养他吗？会不会将之扼杀在摇篮里？他完全有“恩将仇报”的资本和理由啊！安禄山不就是一个很好的“榜样”吗？张九龄一眼就看出他不是个好人，断言其日后必反，劝玄宗尽早杀之，可李隆基仍然“力排众议”，对其信任有加，封为节度使，一方诸侯，没有任何对不起他的地方，可他还是欲壑难填，还是把大唐掀了个底朝天。对于萧峰，在民族与正义面前，他两面不是人，对于辽国他不是一个忠孝的臣子，对于大宋他是一个流着外族血液的异类，天下之大，哪里是我的家？人生之痛莫过于此。在被怀疑、被破坏的遭遇中，他用年轻的生命阻挡了辽国千军万马。他豪言自己的尽忠报国是为了改善民生，穷毕生之力为天下人谋永福，不能为了一己私欲妄动干戈，而使天下陷入水深火热之中——我想这才是爱国主义的真正体现。

如果问，你最喜欢哪个武侠人物，相信太多人都会回答两个字：萧峰。

从萧峰和耶律洪基的身上可以看出：前者心系天下，视百姓为己出；后者惦记自己的帝位，欲将天下尽入囊中。如岳飞所言："文臣不爱财，武将不惜死，方得国家太平"，简单地说，就是"文死谏，武死战"。但结合诸多往事来看，可以发现文死谏比武死战还要艰难。武将殊死而战，他不是一个人在战斗，有上级的支持和下属的拥护，就算豁出一条命血染疆场，之后将受国葬礼遇，立一座丰碑，供无数后人瞻仰怀念，子女作为烈士遗孤，得到优厚抚恤，受最好的教育。回顾历史，我们能看到千千万万个"武死战"的英雄人物：从近代革命的关天培、陈化成、冯子材、邓世昌、佟麟阁、郝梦龄、左权、杨靖宇、谢晋元、张自忠、马本斋、董存瑞……以及现代社会主义建设时期的王进喜、焦裕禄、欧阳海、向秀丽、赖宁、徐洪刚、高建成、叶欣、谭千秋、沈浩……根本数不尽道不完。文死谏则不同，他几乎是单枪匹马，全凭绵薄的一己之力，鲜有人与他同心同德，一旦遭遇不测可能会倒在自己人之手，拥有的一切全部化为乌有。可以看到，曾经的兄弟因此而反目，自己被族人视为人皆可诛的叛徒。要知道武死战大多是在履行自己的职责，文死谏则是超出了职责的范围，因此才更显难能可贵。不论在丐帮还是大辽，他不顾生死，屡屡挫败敌人阴谋，经受了多次武死战的考验；为天下苍生请命，拒绝"恶法"，令辽皇折箭起誓永不南侵，更通过了文死谏的检验。他要学关云长挂印封金，但他比关羽的伟岸之处更为凸显：关羽不过是为了刘备，为了汉室，关羽虽然离了曹营，后仍在刘备帐下坐上了五虎上将之首的爵位；萧峰有傲骨无傲气，礼贤下士，这是关羽更不能及的。侠之大者，为国为民，只求仰不愧于天，俯不怍于人，[1] 自己的得失从来不放在心上，天大的委屈也不叫一声苦一声累。对国家，他忠贞不贰；对爱人，他至死不渝；对兄弟，他义薄云天；对人民，他抱有深情厚爱。多情、重情而不滥情，我们喜爱的萧峰，大概就是这样，我想这才是他成为无数武侠迷心中无可替代的 No. 1 的真正原因吧。

“战”与“谏”在我国文化中具有很深的内涵，在我们身边普遍存在着。举个小例子：你的父亲是一家小餐馆的老板，为了全家生活日夜操劳、栉风沐雨，常常累得直不起腰。你看在眼里急在心里，因此常常协助父亲打理店铺、进货、尽全力营销客户——这即是“武死战”，既给父亲以心灵慰藉，街坊邻居定会纷纷竖起大拇指：“真是个难得的孝子啊！”而何谓“文死谏”？如果你父亲炒菜常使用地沟油，为省成本将过期变质的猪肉送上餐桌，此时你有没有责任心去全力劝阻：莫要做这种违法悖德、损人利己之事，甚至不惜撕破脸皮——到底是对谁负责，到底是为了自家的小利还是他人的大利，这是一个更为沉重的考验。此时，对父亲的“不孝”是为了更多

[1] 出自《孟子·尽心上》，意为向上不愧对苍天，向下不愧对人民。

人的幸福，符合良法善治的基本要求。

忠民即是忠君，两者绝不是矛盾的，而是牢牢绑定在一起的。

美国著名经济学家拉弗是里根总统的经济顾问，为美国的减税出谋划策。拉弗曲线的内容是：一般来说财政收入是随着税率的上升而增加，但一旦超过某个临界点，会使得社会生产积极性下滑，投资和收入减少，造成税收下降。税率是税法的基本三要素之一，更是税法的核心，是衡量税收轻重的重要指标。因此政府必须保持恰当的税率，把握好一个度，才能保持稳健的财政收入。

拉弗的理念，早在两千多年前的中国就出现了雏形，《论语》中有这样一个故事：

春秋时期的鲁国的税率为20%。即便如此，国库仍然较为空虚。鲁哀公很着急，问有若（孔子的弟子）：“最近收成不好，国库钱不够用，该怎么办呢?”

有若回答：“我们可以将税率从20%降低到10%。”

鲁哀公惊住了：“这怎么可以，国家岂不是越来越穷了吗?”

有若说：“老百姓有钱了，君主怎么会没钱?

老百姓贫穷，君主能富有吗？”[1]

这体现了儒家的“仁政”思想，主张轻徭薄赋，宽厚待民，以此赢得人心，使国家逐渐富强。正如孟子所主张：“民为贵，社稷次之，君为轻”，只有充分保障广大人民的切身利益，藏富于民，施政以仁，社会才能安定有序，才能更加和谐美满，皇帝的位子才能坐得更安稳。我国税法规定了多类减征、免征项目；于2006年全面取消农业税，具有划时代的历史意义。

北京国子监内有若画像

[1] 出自《论语》，原文是：哀公问于有若曰：“年饥，用不足，如之何？”有若对曰：“盍彻乎？”曰：“二，吾犹不足，如之何其彻也？”对曰：“百姓足，君孰与不足？百姓不足，君孰与足？”

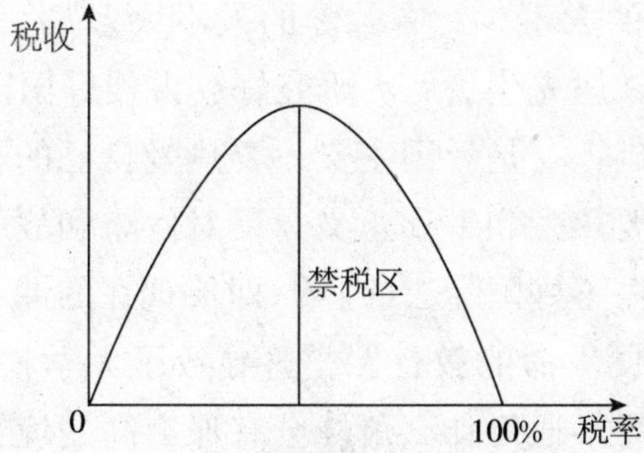

拉弗曲线

抚今追昔，我们对辽皇也没有那么鄙夷，毕竟谁也跑不出被时代局限所左右的可能性，但对萧峰倍感亲切可敬。他一生同样三起三落，其命运之坎坷不亚于邓小平。他没有邓小平那样的丰功伟绩，却依旧在人们心中留下经久不息的震撼。扶危济困、热衷公益、诚信专一、舍生取义，太多优良文化传统在他身上得到了集中体现，这在我国当前夹杂不少私利的市场经济大环境下是十分值得传扬的，与中国共产党“为人民服务”的宗旨是一脉相承的。在萧峰的身上，我们还发现了即使现在看来都十分先进的国际法律精神——不使用武力相威胁、不干涉内政、加强国家间合作、忠实履行国际义务、和平解决国际争端——这些正是现代国际公法的最基本原则，亦为当今国际社会倡导的主流。萧峰这样的角色，在我国古代其实是很难出现的，生活在那个时代的统治者缺乏不干涉内政、加强彼此合作的思想，反观近代握有兵权的人，他们大都接受过良好教育，但思想道德水准却完全无法与萧峰并论，这就是“有知识的人不少，有教养的人不太多”。我国著名国际法学家王铁崖先生说：“研究好、讲授好国际法要具备两个思想基础：一是爱国主义，要热爱自己的祖国；二是国际主义，要热爱和平和正义，反对侵略和战争，没有这样的基础是搞不好国际法的。”[1] 即使现在的课堂当中，也缺乏关于敬畏生命的教育课，这导致了大学精神的迷失。也许很多人想不通为什么萧峰会有那么高的境界，因为即使到了发达的20世纪，世界仍旧极不太平，从法西斯企图征服全球，再到国民党悍然挑起内战，从来就没有一个为了双方百姓而放弃动武的。当然这是小说，不必太过纠结其中的逻辑，这也恰恰就是金庸先生的创作目的，他通过塑造这样的人物来明宿志——金庸坦言自己的最大心愿是看到祖国和平统一。我觉得，金庸也想说：只要人好，至于他的身世背景、民族、语言、肤色、宗教信仰又有什么关系呢？我们为什么要排斥一个人品与能力俱佳而仅有“出身问题”的人呢？可惜这些扣人心弦的故事情节以及降龙十八掌、北冥神功、六脉神剑等令武侠迷们恨自己不能拥有的盖世武功无一不是金庸如神的生花妙笔虚构出来的，可我们宁愿相信它是真的，我们也常常会用这样的故事去感动自己，感动别人。小说都是源于生活、高于生活的，虽然书中人物有好有坏，有善有恶，但它通过对主要

---

[1] 何其生．珞珈国际法：学人与学问［M］．武汉：武汉大学出版社，2011：257.

人物的塑造来讲述现实生活中难有的动人故事，用以弘扬人类正义，从而给予广大读者们正能量，带来别具一格的视觉享受与灵魂超度。

现代国际法的最基本精神便是维护世界和平，构建和完善各种国际法主体尤其是国家之间的国际政治经济新秩序。1970 年通过的《国际法原则宣言》（全名为《关于各国联合国宪章建立友好关系及合作之国际法原则之宣言》）确立了国际法的七项基本原则，作为处理国家间的最重要准则一直沿用至今，并在众多国际法学者的继承和发扬之下，不断开创国际法治的新境界：

1. 国家主权平等原则
2. 不使用武力相威胁原则
3. 和平解决国际争端原则
4. 不干涉内政原则
5. 国际合作原则
6. 民族自决原则
7. 忠实履行国际义务原则

国际法的基本原则具有强行法的性质，若国际条约当中的条款违反了其中任何一条基本原则，该条款无效。

正如近代国际法之父格劳秀斯所言：“一国之法律，意在谋一国之利益，故国际之间，亦必有其法律；其所谋者，非任何国家之利益，乃各国共同之利益也。”这与萧峰何其相似。

许多人说，萧峰虽然拯救了大宋，却让大辽失去了一统天下的机会，是契丹的大罪人。事实绝非如此。道宗时期辽国国力已经开始走下坡路，此时攻宋，不仅是两败俱伤，反而会造成大辽内部动乱。杨广攻打高丽弹丸小国，仍然损兵折将，耗尽国力，这直接把他从神坛拉到了地狱，是导致隋朝灭亡的最重要原因。契丹族是历代游牧民族中最特殊的一个，与中原王朝和平共处达百年。他们不是最骁勇的民族，却是最长命的少数民族帝国，除汉唐外，大辽甚至比宋之前任何一个中原王朝都要长命。[1] 这靠的是民族融合而不是扩张。换句话说，契丹不是一个先进的政权，即使极其幸运地统一天下，也会和蒙古大元帝国一样，不多久就会走向衰亡。

如果萧峰是推动天下和平的使者，那慕容复就是幻想阻挡历史车轮的螳螂。他为复兴大燕走火入魔，扭曲了人格，当得知自己的父亲没有死，而是受扫地僧点化出家为僧的时候，慕容复

---

[1] 陈雨露、杨忠恕．中国是部金融史2——天下之财［M］．九州出版社，2014：45.

大声喝道："如果你就这样放弃了复燕大业，能对得起列祖列宗吗"？看着心术不正的儿子，慕容博告诫道："当初正是爹编造了大辽武士入境抢夺武林秘籍的谎言，因此害了许多人，也害了年幼的你。请不要过于执着，能否对得起先辈，我心中自有定数，如果他们在天有灵，看到老衲今日的选择，或许还会为我高兴呢。我希望你能忘掉那些该忘掉的，珍惜那些该珍惜的，我也一定会为你高兴的。"

在父亲的谆谆劝告下，慕容复这个没落的天潢贵胄还是没有放下复国称帝的幻想，最终因受挫发疯。慕容复从来没有形成自己健康的人格和价值观，根本不懂得什么才是人生的真正意义，对王语嫣的真情视而不见；为了骗取段延庆的信任，不惜杀死追随多年的包不同，在一条不归路上越陷越深。现在如果哪个爱新觉罗氏后裔信誓旦旦要兴复大清，幻想着中国倒流回到封建帝制王朝，那他才是个神经病。如果康乾大帝在天有灵，看到中国现在的繁荣富强，难道不会为我们高兴吗？难道他们希望看到中国倒退，再度陷入无止境的战火中吗？

想起杜牧这首著名的绝句：

胜败兵家事不期，
包羞忍耻是男儿。
江东子弟多才俊，
卷土重来未可知。

这首《题乌江亭》表达了这样一个道理：胜败乃兵家常事，江东虽小，亦可卷土重来。遇到了困难，要勇于担当，不要心灰意冷、妄自菲薄，更不能自寻短见，那是懦夫的所作所为，放弃就意味着把千秋霸业断送得彻彻底底。不畏挫折，能够经受失败的打击，继续扬帆起航，乘风破浪，才是真正的大男人、硬汉子。项羽缺的正是不屈不挠的大将之风与远见卓识，如能重整旗鼓，与对手一决高下，或许可以夺回本该属于自己的帝位。

可是，如果没有你，即使赢了天下又有什么意义？

如果项羽率领江东子弟再次北渡乌江，又能怎么样呢？又会是一将功成万骨枯吧，即使他有幸击败刘邦、灭了大汉，建立西楚政权，充其量是过一把君临天下的皇帝瘾而已，付出的惨重代价是难以想象的，双方耗费的人力物力、被战火焚毁的财富又将不计其数。项羽当不了一个好皇帝，与大汉相比，项羽能给国家、给人民带来更多的幸福吗？不可能。也更不可能有民主和良法善治，最终绝免不了走向灭亡的命运。兴，百姓苦，亡，百姓苦，还是减少改朝换代的频率为妙吧。

《百家讲坛》中，易中天对刘邦和项羽的评价：刘邦志向远大，项羽鼠目寸光；刘邦豁达大度，项羽气量狭窄；刘邦冷静沉着，项羽狂暴浮躁。

蒲松龄有句名言："有志者、事竟成，破釜沉舟，百二秦关终属楚；苦心人、天不负，卧薪尝胆，三千越甲可吞吴。"成功当然是需要代价的，但如果这份代价实在太过高昂，让你的双肩承受不起，甚至是在践踏他人权利的基础上完成的，我想这份功劳簿也就没有获取的必要了。

相比之下，我还是更推崇王安石的《乌江亭》：

百战疲劳壮士哀，
中原一败势难回。
江东子弟今虽在，
肯与君王卷土来？

幸好楚霸王没有卷土重来。

参考文献

[1] 百名法学家百场报告会组委会办公室. 法治百家谈：百名法学家纵论中国法治进程［M］. 北京：新华出版社，2011.
[2] 蔡正华. 为“坏人”说话［M］. 北京：知识产权出版社，2013.
[3] 陈瑞华. 看得见的正义［M］. 北京：北京大学出版社，2013.
[4] 陈雨露、杨忠恕. 中国是部金融史2——天下之财［M］. 九州出版社，2014.
[5] 邓国良，李毅. 法治思维与依宪治国［M］. 北京：法律出版社，2016.
[6] 邓子滨. 斑马线上的中国［M］. 北京：法律出版社，2014.
[7] 冯玉军. 法论中国［M］. 北京：清华大学出版社，2015.
[8] 付子堂，赵树坤，等. 发展中法治论：当代中国转型期的法律与社会研究［M］. 北京：北京大学出版

社，2013.
[9] 高鸿钧．法缘记忆［M］．上海：上海三联书店，2015.
[10] 郝铁川．法治随想录·法治如何变革中国［M］．北京：中国法制出版社，2016.
[11] 贺卫方．逍遥法外［M］．北京：中信出版社，2013.
[12] 贺卫方．法边涂墨［M］．北京：法律出版社，2015.
[13] 何兵．法治变革中国［M］．北京：中国计划出版社，2015.
[14] 何其生．珞珈国际法：学人与学问［M］．武汉：武汉大学出版社，2011.
[15] 何勤华．中国法学家访谈录［M］．北京：北京大学出版社，2013.
[16] 胡建淼．走向法治强国［M］．北京：法律出版社，2016.
[17] 黄进．何以法大［M］．北京：中国人民大学出版社，2016.
[18] 季卫东．大变局下的中国法治［M］．北京：北京大学出版社，2013.
[19] 季卫东．法制的转轨［M］．杭州：浙江大学出版社，2009.
[20] 李奋飞．正义的底线［M］．北京：清华大学出版

社，2014.
［21］李金早．告别 GDP 崇拜［M］．北京：商务印书馆，2011.
［22］梁兴国．现代人的法律生活［M］．上海：上海人民出版社，2012.
［23］林海．萨维尼从巴黎的来信［M］．北京：法律出版社，2015.
［24］林来梵．文人法学［M］．北京：清华大学出版社，2013.
［25］林来梵．宪法学讲义［M］．北京：法律出版社，2015.
［26］刘峰．法律的故事［M］．北京：中国法制出版社，2014.
［27］刘星．西窗法雨［M］．北京：法律出版社，2013.
［28］刘瑜．民主的细节：美国当代政治观察随笔［M］．上海：上海三联书店，2009.
［29］龙卫球．法学的自觉［M］．北京：北京大学出版社，2015.
［30］姜明安．法治思维与新行政法［M］．北京：北京大学出版社，2013.
［31］江平．法治必胜［M］．北京：法律出版社，2016.
［32］江平．法治天下——江平访谈录［M］．北京：法律出版社，2016.
［33］毛泽东．毛泽东选集［M］．北京：人民出版

社，1991.
[34] 倪健民、公丕祥．西方法律思想历程［M］．北京：中国法制出版社，2013.
[35] 钱卫清．你活得好吗——法律养生让生命无忧［M］．北京：北京大学出版社，2013.
[36] 孙笑侠．法治需求及其动力［M］．北京：法律出版社，2016.
[37] 孙育玮．走向法治的法理思考［M］．北京：中国法治出版社，2013.
[38] 王利明．法治·良法与善治［M］．北京：北京大学出版社，2015.
[39] 王利明．人民的福祉是最高的法律［M］．北京：北京大学出版社，2013.
[40] 王利明．迈向法治——从法律体系到法治体系［M］．北京：中国人民大学出版社，2015.
[41] 王启梁，张剑源．法律的经验研究：方法与应用［M］．北京：北京大学出版社，2014.
[42] 王人博．法的中国性［M］．桂林：广西师范大学出版社，2014.
[43] 吴敬琏，周其仁，郑永年，等．读懂中国改革［M］．北京：中信出版社，2014.
[44] 萧翰．法槌十七声·西方名案沉思录［M］．北京：法律出版社，2013.
[45] 许身健．伟大的欺瞒［M］．北京：清华大学出版

社，2014.
[46] 杨立新. 民法帝国［M］. 北京：中国法制出版社，2013.
[47] 杨荣馨. 中华人民共和国民事诉讼法（专家建议稿）立法理由与立法意义［M］. 北京：清华大学出版社，2012.
[48] 俞可平. 国家底线——公平正义与依法治国［M］. 北京：中央编译出版社，2014.
[49] 俞可平. 偏爱学问［M］. 上海：上海交通大学出版社，2016.
[50] 余定宇. 寻找法律的印记——从古埃及到美利坚［M］. 北京：法律出版社，2010.
[51] 余定宇. 寻找法律的印记——从独角兽到六法全书［M］. 北京：北京大学出版社，2010.
[52] 余玮. 法治的中国表情［M］. 北京：团结出版社，2015.
[53] 张建伟. 法律稻草人［M］. 北京：北京大学出版社，2011.
[54] 张明楷. 刑法格言的展开［M］. 北京：北京大学出版社，2013.
[55] 张万洪. 法治、政治文明与社会发展［M］. 北京：北京大学出版社，2013.
[56] 张文显. 法治的中国的理论建构［M］. 北京：法律出版社，2016.

[57] 张文显. 权利与人权 [M]. 北京：法律出版社，2011.
[58] 赵万一. 敬畏法律 [M]. 北京：法律出版社，2013.
[59] 知乎. 正义女神不睁眼 [M]. 北京：中信出版集团，2016.
[60] 中共中央宣传部理论局. 改革热点面对面 [M]. 北京：学习出版社，人民日报出版社，2014.
[61] 周叶中，江国华. 维新——中国近代人物宪制思想评论 [M]. 北京：中国政法大学出版社，2015.
[62] 周叶中，江国华. 图强——中国近代人物宪制思想评论 [M]. 北京：中国政法大学出版社，2015.
[63] 朱苏力. 制度是如何形成的 [M]. 北京：北京大学出版社，2007.
[64] 朱苏力. 法治及其本土资源 [M]. 北京：北京大学出版社，2015.
[65] 艾伦·德肖维茨. 你的权利从哪里来 [M]. 黄煜文，译. 北京：北京大学出版社，2014.
[66] 艾伦·德肖维茨. 致年轻律师的信 [M]. 单波，译. 北京：法律出版社，2014.
[67] 贝卡利亚. 论犯罪与刑罚 [M]. 黄风，译. 北京：北京大学出版社，2008.
[68] 丹宁. 法律的正当程序 [M]. 李克强，杨百揆，刘庸安，译. 北京：法律出版社，2011.

[69] 鲁道夫·冯·耶林. 为权力而斗争 [M]. 郑永流, 译. 北京: 法律出版社, 2012.
[70] 赞恩. 法律的故事 [M]. 于庆生, 译. 北京: 中国法制出版社, 2014.
[71] 罗伯特·N. 威尔金. 法律职业的精神 [M]. 王俊峰, 译. 北京: 北京大学出版社, 2013.
[72] 卡耐基. 人性的弱点 [M]. 杨珊, 译. 武汉: 武汉出版社, 2016.

后 记

自从2014年夏天着手本书以来，期间的考试、择业、毕业、就业，一大堆事叠在一起，使本书的创作断断续续。原本雄心勃勃的我计划在2015年夏天毕业前就将本书完成，为3年的硕士生涯画上一个完美的句号，留下一片云彩再“事了拂衣去”，没想到竟拖了一年多。

国家发展经济、保障人权、维护良好的秩序、促进社会正义与和谐，归根结底就是为了让人幸福；企业的“良法”，就是为了让广大员工和客户幸福；教育的“良法”，就是为了让教师和学生们幸福；家庭的“良法”，就是为了让每一个家庭成员幸福。所以，本书名为《良法善治与幸福感》。

或许在一些专业人士看来，把生活中的一些事情硬生生地和法律糅合到一起，似乎非常不严谨，其实不然。比如《孙子兵法》，这部只有六千余字的古籍，当初单纯是为带兵打仗而作，但经过两千五百余年的不断发展创新，被广泛运用在了经济、教育、管理、博弈、体育等诸多现代领域，成为各行各业的“武林至尊”。恩格斯说：“马克思的整个世界观不是教义，而是方法。它提供的不是现成的教条，而是进一步研究的出发点和供这种研究使用的方法。”同样，良法善治并不是圈定了一个条条框框让人去遵守，而是指导我们做人做事的一种最先进的方法论，每一个人都应当从良法善治当中汲取养料，它渗透到了社会的每一个角落，只要用心去发现，总能在不经意间感受到它的美好。

自从十八届四中全会以来，良法善治再一次成了人们关注的焦点，它体现了我国高度为人民利益负责、依良法治国、为实现中国梦而不断开拓进取的决心。幸福感不会凭空而来，它需要我们用智慧和双手去创造。依良法治企，企业才能打造一个更为成功的盈利模式，即使身处危机也能保有我自岿然不动的本色；依良法治校，学校才能实现人才辈出的崇高目标，成为令人无比向往的天堂；依良法治家，家庭才能和顺和谐，万事兴旺。这便是“得良法者得天下”的真正含义。

生活中几乎所有的问题都可以用良法善治的理念加以分析解决。比如，当初学校让我们学习工程图学的行为是否“良法”呢？

请看以下分析：

第一，我们学生作为被管理者和被教育者，自然要遵守学校的规定，刻苦学习，完成所有的课业，不要求拿全优，但一定不能落在60 分以下，否则，等待自己的就是挂科、补考、重修甚至无法按时毕业，这是毋庸置疑的。但是学校更应当本着为学生、为教育负责的态度，认真制定好各项规定，以“良法”作为管理的手段。否则对于教学质量的提升、人才的培养是极为不利的。做出开设工程图学的决定，学校经过仔细分析了吗？权衡利弊了吗？真正为学生为教育事业考虑了吗？这里打了一个大大的问号。

第二，学校制定教学制度需要说明合理理由。开设工程图学的理由是什么？不要说什么艺多不压身，比工程图学有用的东西多得多，为什么要丢西瓜捡芝麻？无论搬出什么理由，都是经不住推敲的。

第三，其他学校有没有让财经管理专业的学生学习工程图学这样的学科呢？放眼全国也找不出几所来，所以这根本不具有普遍性。开设工程图学，能得到普遍的支持吗？符合公平正义的要求吗？对提高学生的学术水平和综合能力有帮助吗？答案是否定的。

第四，一些“恶法”的出现有时在所难免，犯错误并不可怕，意识不到错误、自以为是、听不进劝告、任由错误继续发展甚至不断壮大，才是最可怕之处。这就需要有一套监督制衡与纠错机制。学校为学生们着想，推进民主协商和自我问责，及时修正错误，废止“恶法”让教学制度不断完善，这一点做的还是很不错的。

社会上、生活中的方方面面都需要良法，诸如“教育良法”“经济建设良法”等，所涉及的内容浩如烟海，远远不止本书所述，限于篇幅无法一一全面概括，只能到此即止。也由于本人年龄、水平、阅历所限，一些内容只是个人看法和总结，并不一定是真理所在，尤其是在解决问题的层次上，显得有些苍白。本书虽然经过许多次修改，但还是有一些问题的，可出版一事不能无限期地拖延下去。美国当代最著名的律师德肖维茨告诉我们：完美主义是成功的大敌，对完美的追求不仅不切实际，而且永远没有尽头，否则你就没有那么与众不同了。[1] 分享自己的经验、错误、感悟和观点可以对思想的交流做出贡献。正所谓大道至简，本书至少起到了一个风向标的作用，给读者们提供了一个分析问题、解决问题的思路。比如取消高数，改为学习法律和求生自救技能的主张未必一定正确，但这样主张的目的是以此入手来反思和构建完善现今的学科设置制度。再比如，对国家出版健康图书的提议也未必是可行的，而是以此抛砖引玉，更好地探求一条对人民健康负责的新方法、新举措。通过这种方式深入挖掘思考，集众人之长，寻求解决问题的正确途径，一定会大有收获。

杨真

2017 年 4 月于北京崇文门

---

[1] 德肖维茨．致年轻律师的信［M］. 北京：法律出版社，2014：76－77.

致　谢

我的第一部作品《良法善治与幸福感》即将付梓出版，心中不禁感慨万千。虽然该书内容还有很多不完善的地方，但至少迈出了超越自我的第一步。正所谓下坡抬头、上坡低头，自己的成绩不是一个人的功劳，要看到背后有多少人在不求回报地默默为你付出。我要在这里对他们表示最诚挚的谢意。

首先是我的父母。二十几年的养育之恩无以为报，没有他们，就没有我现在所拥有的一切。

感谢中国矿业大学的殷召良教授。他不仅帮我找到了出版社的编辑为我运作《良法善治与幸福感》一书的出版事宜，还邀请其同门师兄中国政法大学的时建中副校长为我的拙作作序。时教授与我素不相识，但仍然认真阅读了书稿，并为我写下了一篇精彩的序言。时教授慷慨大气、乐于助人的品格令我感动至深。

感谢知识产权出版社的荆成恭编辑。从和他第一次电话接洽，到签订出版合同，只用了短短五天时间！这神一般的速度让我感到受宠若惊。荆编辑十分认真负责，为本书的顺利出版耗费了许多心血，提出了不少有益的改进意见，并且不厌其烦地“纵容”我一次又一次的修改。他能成为《良法善治与幸福感》一书的责任编辑，是我最大的幸运。还有知识产权出版社其他辛勤付出的员工们，出版流程的诸多环节，都离不开他们的尽心尽力，在此一并表示感谢。

感谢为《良法善治与幸福感》封面题字的邵阳同乡刘新科先生。作为一名铁路建设者，他将大半生献给了我国铁路事业，亲自参与了世界上最伟大的铁路——青藏铁路的建设。不仅如此，他在我国书画界享有崇高的声誉。这绝非一日之功，而是凭借多年的苦练，修得颜书之秀美、柳书之遒健，一腔豪情在笔下肆意挥洒，清新自如，豪迈有力。他常用这样一句话来鞭策自己：“莫问收获，但问耕耘”。正所谓书品以人品为根基，刘先生虽身居高位，但为人谦和、重情重义，热心公益事业，关爱下一代。

感谢为《良法善治与幸福感》作序的湖南同乡、中国政法大学的冯晓青教授。冯教授可谓勤奋治学的典范。他本科并非法律专业，在兴趣的指引下，并怀揣着填补我国知识产权法律空白的理想，几十年如一日，矢志不渝辛勤耕耘，现已成为我国知识产权法学界的巨擘，树立了自己的标杆，其思想和著作在学术界有着广泛的影响力。冯教授还积极投身法律实践，并在国家知识产权立法中贡献颇多。现在，我国与发达国家在知识产权法学领域内的差距在一步步缩小，甚至一些研究成果已经有所超越，这与以冯教授为代表的法律人日复一日的不懈努力是分不开的。

感谢为《良法善治与幸福感》作序的邵阳同乡十年砍柴。他博览群书，学识超群，笔端游行于古代历史文化与时事评论之间，在人文社科领域有着斐然的研究成果。尤其对《水浒传》《红楼梦》《西游记》等古典名著的缜密分析，令人拍案叫绝，深受大众喜爱。现在，城市化、信息化使得人们的生活越来越幸福与便利，但也是在其冲击之下，人们的故乡情结却变得越来越淡，故乡似乎成为许多人脑海中一个愈加模糊的概念。十年砍柴久居繁华闹市，仍在书斋中不断求索，保留着浓厚的乡土气质，看似遥远、枯燥的乡情乡史，都在他的细腻的笔下变得柔情肆意、温暖人心。要想故乡文化不再褪色甚至走向消亡，就需要他这样的学者去默默坚守、传承与捍卫。

感谢为《良法善治与幸福感》写推荐语的邵阳同乡唐未德董事长。在经历了第一次高考失败的打击后，他没有放弃，而是在逆境中绝地反击。从北京邮电大学毕业后，凭借自己雷厉风行的驱动力和高超的市场洞察力，不断开拓探索，缔造了纽曼的辉煌；唐师兄还作为北京邵阳学生工作组组长，在繁忙的工作之余不断对学生们施以援助之力，即使面对着亏欠他人人情的“窘境”，仍然要放手一搏。当然还有我们的另两位良师益友——伍天宝师兄和钟端洋师兄，两位师兄分别作为学生工作组副组长和秘书长，身体力行，积极策划了许多次的联谊活动，为学生们提供了轻松愉悦的交流环境，把一个人的热心肠变为了许多人的热心肠。不得不提的还有诸如肖化鹏、杨武魁、王馨、林曦怡、梁叶莺、刘冰、达世亮等在京的邵阳优秀学子，在前辈的关怀提携下，勠力同心，组建邵阳学生联合会，为大家提供了一个重要的交流平台，使大家在远离家乡的繁华都市中，不再孤单、迷惘。故乡是永远割不断的根，正如联合会的公众号所含寓意：饮水思源，温暖如家。芙蓉国里尽朝晖，你们是家乡绚烂无比的风景。

感谢为《良法善治与幸福感》写推荐语的恒都律师事务所的江锋涛主任，他是我的云南大学师兄，他创办的恒都律师事务所已经成为律师界的一个奇迹，其本人也进入中国顶级律师排行榜。恒都敢为人先地尝试了高度精细化的团队分工，在创所至今的短短六年时间里，累计承办了3000余件诉讼案，其中100例被评为典型案件，并参与数起大型投融资并购的商业项目，斩获包括“钱伯斯顶尖中国律所”在内的六十余项荣誉，为客户提供了高质量的法律服务。作为创始人的江师兄不仅殚精竭虑地致力于律师事务所的管理和客户服务，而且为人也慷慨仗义，在母校设立了奖学金、助学金，并将其创办的律师事务所作为母校学子的实习基地，为他们的锻炼成长提供了绝佳的机会、创造了良好的条件。

感谢我的老师、同学和各位同事们的亲切关怀。

感谢帮助过我的湖南同乡，太多太多的名字，无法一一列举。

谢谢你们走进我的生命中。

感谢每一位读者朋友，祝你们有一个灿烂的前程。祝有情人终成眷属，用自己的“良法善治”找到真正的幸福。

杨真

2017年5月21日